賈士毅——原著　蔡登山——主編

民初
財政總長
更迭錄
（1912—1926）

目錄

導讀：賈士毅眼中的《民初財政總長更迭錄（一九一二—一九二六）》

蔡登山

賈士毅（一八八七—一九六五），字果伯，號荊齋。江蘇宜興萬石小塘村人。六歲在村上和橋、宜興等多個有名的私塾讀書。一八九四年，進入宜興周鐵竺西學堂讀書。課程除了國文、地理、歷史，還開設英文、算術、音樂和美術等。他在此接觸到達爾文的《物種起源》、赫胥黎的《天演論》及梁啟超的《新民說》等大量書籍，知識面迅速擴大。一九〇六年春，入無錫初級師範學校，翌年，入上海政法講習所學習。當時該講習所匯聚了張謇、雷繼奮、楊翼之等國內學術界名望很高的師資。賈士毅在此認真學習，成績突出，得了同級第一名。當時學校規定，畢業考試前五名的學生可由原籍縣用公費送到日本留學。一九〇八年春，他到日本東京，入神樂坂法政大學攻讀政治學，一九一〇年九月轉入東京明治大學政治本科，一九一一年夏畢業，獲政學學士學位。他在日本留學期間，各種旅日政治勢力的骨幹分子在日本積極開展各種活動，賈士毅初步接觸到以推翻清王朝為目的的民主主義思潮，同時也接觸到以康有為為主的改良主義思潮、無政府主義思潮等政治思潮，初步認識到中國政壇的複雜性。一九一一年八月到回北京，應學部考試，名列前茅，被朝廷授為法科「舉人」。曾應蘇州法政專科學校之邀，兼任講師，主講財政經濟。

一九一二年初，兼任民國南京臨時政府民政司職員。由於他能力突出，受時任民國北京政府財政總長熊希齡的器重，被調充任財政討論會會員。民國初期，國家財政、稅收問題重重。賈士毅決心改革財政制度。一九一三年二月，任財政部會計司司長，首創財政預算制度，編製民國預算案四十餘冊，受到各方面的讚譽。為推進財政稅制革新，他深入調查，不斷分析，撰寫調查報告。當年八月，又兼任庫藏司司長，身兼兩職，事務紛繁，任上，他創立預算法則，風紀為之一清。與此同時，他關心國家稅法、地方稅法的落實情況，積極向上級建言，促使民國政府的財政稅收制度逐步建立完善。一九一四年，調任財政部任參事之職，但很快又兼賦稅司長職務。北洋政府時期，軍閥混戰，政局動盪，但他勤勤懇懇，任勞任怨，為歷任財政總長所倚重，並在當時中國財政經濟的舞臺上扮演著重要角色，協調解決突出的財政、稅務、金融等矛盾與問題。

賈士毅在北洋政府財政部任職至一九二〇年，當年九月調任鎮江江海關的監督兼交涉員。一九二一年又作為專門委員會委員出席了華盛頓會議，在中國代表團擔任財政方面的談判工作，他擬定了「關稅自主，外僑納稅平等和庚子賠款退還」三案，但會上討論的只有關稅一案，但仍挽回一些中國財政在國際上失去的權益。一九二七年，先任上海銀行公會書記長，後任江蘇省政府委員；同年，國府奠都南京，任國民政府財政部賦稅司司長，兼代鹽務處長，又兼國定稅則委員會委員。他受命制定各項規章制度，創訂了一整套財政法規。當時中央和地方財力都十分緊張，而許多省分解決財政困難的辦法就是不斷向老百姓徵收賦稅，或開徵新的稅種，或提前收取賦稅，亂象一片，百姓苦不堪言。為此，他主張裁撤厘金，改徵特種消費稅，裁厘加稅。與此同時，他主張開徵所得稅和遺產稅。

一九三二年任財政部常務次長（部長為黃漢樑）仍兼賦稅司司長，同年，改任第二屆立法委員，後獲連任。自國府建都南京後，曾兼任中央大學、中央政治大學經濟系教授。一九三三年二月，任湖北省府委員兼財政廳廳長，歷經夏斗寅、張群、楊永泰、黃紹竑、何成濬五任主席，仍任原職。一九三八年六月，陳誠繼任湖北省主席，乃呈請辭去財政廳廳長職務。一九四〇年，任財政部專門委員，派至香港工作，並一度兼代《財政評論社》社長；翌年香港淪陷。一九四二年，母喪歸滬。一九四三年二月，任江蘇省財政廳廳長，後任代理主席。一九四四年，出席全國行政會議，兼江蘇農民銀行董事長。翌年，專任江蘇農民銀行事；八月，日本投降，任鄂湘贛區財政金融特派員，負責接收三省日偽財經機構。一九五一年，在臺定居，先後任臺灣第一商業銀行董事、逢甲學院董事和交通銀行監察人。一九六五年七月九日，因腦溢血症，病逝臺北，享年七十九歲。

賈士毅曾系統收集、研究晚清王朝到民國初期的各種財政方面的史料。他認為「為配合社會各方面的需要」，必須「專就中國今昔的財政，用新思想和新體例來貫通它，品評得失編成有系統的著作」。於是他把在各高校講授的《民國財政史》的講稿作為藍本，作分類編纂。全書分為〈總論〉、〈歲入〉、〈歲出〉、〈會計〉、〈公債〉、〈泉幣〉六編，詳細地敘寫了一九一二年至一九一六年間的財政史實。三易其稿，洋洋巨著，一千八百多頁。由梁啟超作序，由商務印書館於一九一七年出版，在當時的財政經融界引起轟動，各大學都以此書作課本或參考書，出版不久，書即告罄。後來日本同文社將此書譯成日文版，在日本廣為流傳，歐美圖書館也收藏這本書。一九三四年，商務印書館陸續出版賈士毅的《民國續財政史》（共七冊）三千一百頁，內容更加豐富，全書共分為總論、歲入、歲出、公債、會計、泉幣和地方財政，對晚清以來及民國時期一九一二年至一九三一年間，國家及地方財政之劃分、稅賦、財政費、實業公債、預算決算、銀行等具有現代財政與會計內容，以及國家財政的基礎概況，財政與社會政治、經濟和軍事的關係，財政制度的利弊等，進行了深入的探討和詳細的闡述。《民國財政史》和《民國續財政史》兩書問世後，被學界奉為研究民國財政的開山之作。賈士毅為重要的民國財政史家，其他著作還有《民國財政經濟問題今昔觀》、《國稅與國權》、《債與銀行》等，保留了大量的統計數據，是民國財政經濟權威人士。

《民初財政總長更迭錄（一九一二－一九二六）》是賈士毅於民國元年到十五年之間，在財政機關做事，所見到的財政首長不斷地走馬換將。十五年間，竟更動了三十三次，計有陳錦濤、熊希齡、周學熙、梁士詒（代理部務）、周自齊、梁啟超、李思浩、顧維鈞、羅文幹、王克敏、曹汝霖、張弧、董康、龔心湛、潘復、劉恩源、張鎮芳、高凌霨、汪大燮、張英華、李士偉（未到任潘復代理）、賀德霖等多人，其中任滿一年以上的只有周學熙、周自齊和李思浩三人，而任期最短的是張勳復辟時候的張鎮芳和黎元洪總統時候的羅文幹，僅僅十一、二天，黃郛攝政時的王正廷也僅二十三天。在這些財政首長三十三次的更換裡，有先後擔任了三次的，如陳錦濤、王克敏；有先後擔任過兩次的，如熊希齡、周自齊、李思浩、高凌霨等，實際上僅有二十五位。賈士毅當年廁身財界，與諸公或有私交，或有公務上的往來，或眼見其上任下野，追憶此一幕一幕的往事，實不勝感慨系之！他認為「民初財政總長更迭之頻繁，可以知道當時政治是多麼不穩定。由於政治不上軌道，連年用兵，財政問題便益形困難。在這二十餘位總長中，論才識，論魄力，論操守，的確有些不錯的；他們也有些是有計劃、有政策、有抱負的。但我們知道，財政總長之更易，恒視派系之得勢為轉移，這種政治上的牽制，使得他們的努力，並沒有收到預期的效果。」確實指出了問題的核心所在。

賈士毅不僅以財政之學聞名，他詩詞的造詣極高，在公暇之餘，偶寄吟詠，留下相當多的篇什。後經他的哲嗣德懷加以編錄，成《荊齋詩鈔》一冊。按時間先後分為五大部分，第一部分，自前清光緒三十三年迄民國十五年；第二部分，自民國十六年迄民國二十七年；第三部分，自民國二十八年迄民國三十三年；第四部分，自民國三十四年迄民國三十九年；第五部分，自民國四十年迄民國四十五年。總計二百七十二題，其中古詩八十九首，律詩二百零二首，絕句一百六十九首，總計四百六十首之多。他的詩風接近白居易、陸游，其好友單鎮評之曰：「比歲息影窮居，翛然物外，以吟詠自娛。余誦其詩，秉性恬然，自視欿然，其閒適及行役諸作，知足常樂，雅近香山；時代潮流，近益俶擾，民生凋敝，井邑為墟，其感懷及傷時諸作，神似放翁。」《荊齋詩鈔》由於屬於自印本之類，印量極少，坊間難以得見，因之影印附在本書之後，或許還可以「因詩證史」，互相印證也。

輯一
民國初年的幾任財政總長

引言

民國元年元旦，第一任臨時大總統孫中山先生在南京就職，改用陽曆，採取紅黃藍白黑五色旗做國旗，表示漢滿蒙回藏五族共和，臨時政府宣告成立。二月十二日，清帝溥儀下詔退位。當時袁世凱就從北京打了一通電報給南京臨時政府，表示贊成共和。孫大總統因為清帝退了位，專制政體已經消滅了，便於二月十三日向參議院辭職，並且提議選舉袁世凱任臨時大總統。這種功成不居的精神，贏得全國人民一致的敬佩！因此他就以在野之身，致力於籌劃全國鐵路的建設，注重民生，振興實業。南京臨時參議院為了希望趕早建立民主國家，於是一致投票選舉袁世凱為第二任臨時大總統，打電報請他到南京參議院就職，並把他比做美國的華盛頓來表示對他的殷切和誠懇；但是袁世凱卻在北京、天津、保定唆使當地駐軍譁變，推說他自己沒法子南下，南京的參議院再也不忍得釁起戰亂，就允許他在北京就職。袁世凱在北京就職的時候，曾將宣誓文電達南京參議院，內云：「世凱深願竭其能力，發揚共和之精神，滌蕩專制之瑕穢。謹守憲法，……率履勿踰。」誰知道他口是心非，玩弄政術，陰謀著稱帝，造成了以後永無結束禍亂相循的局面。

我於民國元年到十五年之間，在財政機關做事，住在北京的日子多，住在鎮江的日子少。在這一段短短的時間裡，因為袁世凱稱帝，張勳復辟，接著皖直奉馮各地軍閥互相爭雄，國會議員既結黨排異，各派政客又從中播弄是非，引起許多紛爭，以致刀兵相見。一經開仗，勝敗常事，動搖中央政府，財政主管也跟著走馬換將。在這十五年間，財政首長竟更動了三十三次，計有陳錦濤、熊希齡、周學熙、梁士詒（代理部務）、熊希齡、周自齊、周學熙、孫寶琦、陳錦濤、張鎮芳、梁啟超、王克敏、曹汝霖、龔心湛、李思浩、周自齊、李士偉（未到任潘復代理）、高凌霨、張弧、董康、高凌霨、羅文榦、汪大燮、劉恩源、張英華、王克敏、張弧、王正廷、李思浩、陳錦濤、賀德霖、顧維鈞等多人，在任滿一年以上的只有周學熙、周自齊和李思浩三人，在任期最短的是張勳復辟時候的張鎮芳和黎元洪總統時候的羅文榦，僅僅十一二天，黃郛攝政時的王正廷也僅二十三天，這種現象在歷史上實在是少有的。

在這些財政首長三十三次的更換裡，有先後擔任了三次的，如陳錦濤、王克敏；有先後擔任過兩次的，如熊希齡、周自齊、李思浩、高凌霨等，實際上僅有二十五位。古話說得好：「知人論世」，要論述一個人的行蹟成就，不能夠抹煞他的時代背景和社會環境。在民國初年，熊希齡、周學熙等確實想在財政方面有所作為，無奈袁世凱的專權玩法，只想做皇帝夢，把閣員看做自己的工具，閣員也就不能夠發揮他們的才智了。民國六年以後，梁啟超、顧維鈞等也打算整頓財政，建立制度，又逢著段祺瑞是個心熱耳軟的人，一面器重梁啟超，一面又信了左右的亂出主張。顏惠慶雖是見解卓越，和顧維鈞又志同道合，但是各派軍閥之間，又各不相容，京城附近擾攘不息，關稅會議，各國代表有所藉口，集議又形停頓，結果使他們滿肚子的計劃一個也不能實施，只留下幾頁財政史實，給後代人聊作參考而已。

陳錦濤（一八七一－一九三九）

陳錦濤字瀾生，民國初年曾三次擔任財政總長。第一次是民國元年元旦，孫大總統在南京就職，正當軍務多事、財政極度困難的時候，他擔任了總長。臨時政府成立之初，財政總長一席黃克強本來推薦另一人，孫大總統則以為「陳瀾生曾經在清朝時候訂立幣制借款，在國際上很有信用」，所以用陳瀾生長了財政。他早年留學美國，回國部試第一名，曾任大清銀行監督。為人敦厚，但缺乏應對的才能。二月二十日南北統一，到處需要錢，就向華比銀行借英金一百萬鎊，年息五釐，九七折收現，把中國財政債券合成一百萬鎊的等值交給華比銀行做擔保，定期一年，到時候照票面十足價額贖回。這一筆借款成立，財政上勉強算是跨過一個難關。另外又商訂續借英金二十五萬鎊。以上兩款都是分撥給南北兩京的用途，這就是大家傳說的比國借款。

第二次是民國五年六月。段祺瑞組閣，陳瀾生重新主持財政部，殷鑄夫、李贊侯兩位分任財政部次長，中國銀行派了徐恩元擔任總裁，俞鳳韶擔任副總裁。陳總長因庫款奇絀，金融呆滯，九月財政、農商兩部向日商興亞公司訂借實業借款日金五百萬元，十月北京中國銀行實行兌現，十一月國會通過中美實業借款案，又因四國銀行團抗議而停頓。那時府院之爭很是激烈，經過徐世昌調停，免去了孫洪尹總統府的職務，同時徐又錚也離開了國務院。民國六年元旦，馮國璋分電京內外各長官請總統信任總理，總理秉持大政，參眾兩院力持大體，目的是消除府院之爭和兩院與政府之爭。

那時段祺瑞和國民黨的政見發生衝突，陳總長有著國民黨的背景，所以段祺瑞左右一般人對他不滿意，到了六年四月，因為涉嫌煉銅廠受賄賂案，段祺瑞就把他交給地方審檢廳審理，次長殷汝驪（鑄夫）逃走了，參事虞正熙、司長吳乃琛等都株連入獄。地方審檢廳偵查煉銅廠受賄的案子，沒有得到確實的證據；另外又發生了大清銀行分紅的新案子，報紙上一致攻擊財政部，因此指說陳總長的「詐欺取財」，一同提起公訴。

大清銀行章程上明白規定「如有盈餘，行員應有分紅」，辛亥年底，確實有了盈餘，但行員沒有得到分紅。因為該行停辦，在債權債務都沒有理清楚前是不能夠在當年分紅的，年終決算就和平時不同了。一直等到民國五年年底，大清銀行清理處才把賬目清理完畢。根據結算結果，確實有盈餘，當時行員又因為銀行停業，大都失了業，要求財政部照章分派花紅。陳總長把他們的原呈批交參事核議，經過參事李士熙、虞正熙等會同簽擬，認為按照大清銀行章程，「分紅尚無不合」，祇是末後加了兩句：「應否准分，仍乞鑒核」，再由陳總長批准分配。因此外界傳說他把大清銀行的盈餘分給了人家。

地方審檢廳傳陳錦濤、吳乃琛、虞正熙、李士熙詢問，他們請了律師到庭辯護，說明：「花紅分配，係照行章所定；參事擬簽，係屬職務以內；准分與否，係總長的權限，並無罪刑。」經過幾次審詢，地方審檢廳認為陳錦濤和經辦的人替第三者圖利，也有罪責。後來把案子移到高等審檢廳，詳加調查，並且經過多少次審詢，終於在重陽節前兩天宣告，把大清銀行的案子撤銷了，牽涉的人都沒有責任。至於煉銅廠受賄的案子，追究根源，是因為陳總長曾經面呈過總統，說是次長殷汝驪因為煉銅廠事情有接受人家的請託。後來煉銅廠的商人柴瑞周等，具呈到國務院說明是陳總長教他們借墊了款項，還勒令寫下字據。大總統就派人調查。回報說這案子關係著錢財嫌疑，大總統就交給國務院轉交司法辦理。經過地方審檢廳、高等審檢廳和大理院三級審訊，認為陳錦濤、吳乃琛、虞正熙都有罪刑，把他們關進監牢。到了民國七年五月，司法總長江庸呈稱「細察卷宗，究無堅確證據」。陳錦濤才奉到特赦釋放。

第三次是民國十四年十二月十五日。段執政修正臨時政府體制，增設國務院，特任許世英（靜仁）為國務總理。許世英組閣，陳錦濤又重新擔任財政總長。那時軍政費積欠已經很久了，陳總長發行了「新國庫券」八百萬元，向銀行抵押借款三百六十萬元。陳總長報告國務院，許總理召集各軍代表和各學校代表等，在國務院開會，商量分配辦法。忽然馮玉祥代表要求三百萬元，岳維峻代表要求二百萬元，孫岳代表要求軍費一百萬元。許總理秉性戇直，大發脾氣，告訴他們說，現在粥少僧多，應該先發政費，有餘款時再發軍費。散會以後，開列清單交給陳總長按照發款，自己遂入六國飯店居住。消息傳到鹿鍾麟跟前，鹿鍾麟也大怒。他說，我要揭許世英的瘡疤，就派偵探包圍六國飯店。誰知道許世英趁偵探離開的時候，僱了一輛轎車，連夜溜到天津去了。

在抗戰期間，陳錦濤又做過一任偽財政部長，並兼任「華興銀行」總裁。後因發行偽鈔的關係，不為人民所歡迎，偽府改派嚴家熾代理其位，因此深為懊喪，觸發舊疾，遂於民國二十八年六月十二日晨卒於虹口竇樂安路私寓，享年六十八歲。

熊希齡（一八七〇—一九三七）

熊希齡字秉三，清朝同治九年誕生在湖南的鳳凰縣，相貌很魁偉，穎敏異常兒，十二歲就補了諸生，在沅水校經堂讀書，學業猛進，很得沅州太守朱其懿的賞識。光緒十七年，他才二十二歲，就考中了舉人；第二年應禮部考試，考上了進士；他二十五歲應殿試，錄取進入詞館，元配廖夫人不幸逝世了，朱太守立刻把自己的妹妹朱其慧嫁給了他。熊先生從此更加用心研究時事，要想做一番大事業。當時正值陳寶琛中丞安撫到湖南，一心想變法，他便向陳寶琛奏請在湖南創設時務學堂；再和黃遵憲、譚嗣同、唐才常、陳三立等一起人聯名聘請梁啟超擔任主講席，介紹歐美科學教育，教授青年子弟，蔡鍔、范源廉就都是當時的高材生。同時又組織南學會，研究學術；創辦《湘報》，啟發民智，三湘的風氣大變。光緒二十四年（戊戌）倡議新政，熊先生在衡州，和學使江標同奉旨進京，在旅途中患了痢疾，暫時留在一個鄉村裡，沒想到慈禧太后受了舊黨的慫恿，再自聽政，朝廷發生了政變，譚嗣同、林旭、楊銳、劉光第、楊深秀和康廣仁六君子一同被殺，還革了熊希齡的職，永不敘用，要把他圈禁在家裡，他就逃亡到沅州去。當時辰沅道急切著要捉他，他深怕因此連累了父母，就毅然決然的出面自首，還是靠了朱太守的營救才得釋放。過了兩年，東渡到日本去。光緒二十六年，朱太守調職常德，就在常德府治設立師範講習所，聘請能希齡主持。後來再創辦西路師範學校和常德中學，湘西的優秀青年都爭著進這些學校，後來培育出了不少人才。光緒三十年，熊希齡再到日本去考察教育和工商業，回來後聲譽更大了。接著跟隨五大臣出洋考察憲政，深深地瞭解了歐美學術政治的得失。再過一年，奉天將軍趙爾巽奏調他去參贊戎幕兼財政局和農工商局的總辦。不久江蘇巡撫陳啟泰又調他去做總文案兼農工商局總辦；兩江總督端方也邀請他擔任督署總文案。宣統二年奉令任東三省清理財政官兼鹽運司。後來趙爾巽回任東三省總督，便奏請派他兼東三省屯墾局督辦，他還建議移民實邊的計劃，同時又總辦奉天造幣廠，一時都稱讚他是一位理財的能手。

民國元年春，我在蘇州都督府做事，同時兼充《時報》的記者，每半月撰寫社論一篇，所以常常到上海去。那時風雲人物常常聚集在上海。章太炎、張謇（季直）、熊希齡在上海組織中華民國聯合會。我經王伯群的介紹，認識了熊先生；他是以翰林出身參加戊戌維新的，把畢生精力，貢獻給財政和慈善事業，而自身又能夠不斷的向新知方面尋求開拓，當時的許多人都很欽佩他。三月間政府移都舊京，唐紹儀組閣，熊希齡當了財政總長，我把報上發表的財政論文字帶著去拜見他，他給我許多稱讚和鼓勵，端午節過後，便調我去充任財政討論會的會員。

我到北京以後，住在前門外校尉營宜興新館，這宜興新館是周京兆家楣（肖棠）把私人住宅送給同鄉們居住的，第二天經正陽門到戶部街財政部去辦公。財政部的辦公室原是度支部的舊址，坐東朝西，屋雖古老，辦公室卻層次櫛比，從大門走進去是轎廳，三進是大廳，四進是總長和次長室、參事室，總務廳和各司（分賦稅、會計、庫藏、錢幣、公債等司）分列在兩旁。春夏間細雨不斷的落著，天井裡常積水兩三尺，檔案有時也遭到潮濕發霉。我和管檔案的老人聊天，有一次他告訴我，光緒三十二年把戶部改做度支部，部裡原來的省份司（分廣東等十四司）改照業務劃分各司，設置左右丞和左右參議，下設田賦、漕倉、稅課、筦榷、通阜、庫藏、廉俸、軍餉、制用、會計十司，除添設清理財政處是臨時機構外，還有金銀庫和寶泉局。金銀庫是掌理鼓鑄制錢收發銅鉛的事，過去有一個規定，工人到金銀庫遞送財物，一定要脫去了衣裳才可以進去，出庫時候還要洗個澡，經管理員查看沒有夾帶才給穿衣放行。據說過去工人往往在肛門裡偷藏金銀出庫的，聽了真教人發噱。後來周自齊（子廙）做了財政總長，才把財政部搬到西長安街新建的洋樓裡去辦公。

我到了部裡先晉謁熊總長，再訪候章宗元（伯初）次長。章次長早年留學美國，回國後廷試第一，有學者的風度，我就請問接收情形，他說：「南京財政部案卷不多，已經交給留用人員帶來了；關於清末的案卷，在去年九月間袁世凱組閣的時候，度支大臣本來是嚴修，因為他沒有到職，就由紹英署理；清室退位以後，周自齊是度支部的首領，就任時間很短，所有過去的檔案，也仍舊由留用人員繼續管理。」後來我出席財政討論會，會中同事計有二十四人，到了十二人，項驤（微塵）、李景銘（石芝）、曲卓新（荔齋）、陳威（公孟）、黃序鵷（季飛）等六位都和我很合得來，會中籌議的案件，以統一財政權為目標，側重整理新舊各稅，和刷新財務行政。

那時在中國的銀行團，從英、美、法、德四國又增加了日本和俄國。熊總長和六國銀行再行磋商借款的條約，到五月裡，銀行團另外提出追加下列四條款：一、銀行團和中國財政部各派一員審核借款支付的用途；二、財政部報告一切支出費用款目要用最新式簿記方法；三、南方各省的解散軍隊，由中央政府派高級軍官去，酌量資遣，費用要編列表冊，分送各省都督及財政部和委員會各一份；四、北京和各省解散軍費數目表要分送陸軍部財政部和委員會各一份。這樣規約簽定後，銀行團先墊款一千二百餘萬兩，才稍緩和當時政府財政的困難。

依臨時約法規定，內閣為責任內閣。當時唐紹儀首任內閣總理，欲以責任內閣制，邁向法制正軌，不肯作仰承意旨的工具。袁世凱卻疑心唐紹儀挾國民黨以自重，有獨樹一幟之意，大表不滿，開始打擊唐閣。六月間又發生直督問題。直隸省議會依規定選舉王芝祥為直督，唐總理贊成，袁世凱也曾當面允許，既而後悔，陰令直隸的嫡系軍人通電反對。袁以軍界反對為詞，改派王芝祥往南京遣散軍隊。唐拒絕副署，而袁逕以唐未副署的委任狀交王受領，於是演成僵局。唐知事不可為，於六月十六日留辭呈去津。袁遣梁士詒往津慰留，唐不為動，乃於六月二十七日准唐辭職，由外長陸徵祥暫代職務。熊總長和王寵惠（亮疇）、蔡元培（孑民）、宋教仁（遯初）、施肇基（植之）等也連袂辭職，以表示政黨內閣精神，到了七月十四日獲得批准，才算沒有引起什麼風波。

熊總長在任從三月二十九日正式受命到七月十四日准辭只有三個多月的時間，便外調就任熱河都統，延聘清朝的知名人士連同本籍紳士設立行宮古物整理委員會，編列號碼分別保藏，後來會同裝運送去故宮博物院陳列。到袁氏陰謀稱帝時，就暗裡指使人放謠言，說是熱河宮裡的地毯放在琉璃廠出賣了，借這個謠言迫令熊總長贊成帝制。那時陳漢第供職國務院，積年收藏古董，很懂得鑒別，擺在琉璃廠出賣的地毯經他鑒別之後認明不是熱河的古物，謠言遂息。

民國二年三月二十日，宋教仁在上海北車站被刺，國民黨人憤恨交集。袁世凱一面離間國民黨使之分裂，一面授意梁啟超、王賡等大組政府之與黨，合併共和、統一、民主三黨組成進步黨。五月二十九日，進步黨宣告成立，以為袁政府張目，與國民黨形成對峙，宣言宋教仁被刺案與袁政府毫無關係。及二次革命失敗後，袁政府欲在政治上有所表現，乃利用進步黨組閣。七月三十一日，特任熊希齡為國務總理，熊先生堅辭不就，幾經磋商，才於九月十一日宣告成立，即所謂「名流內閣」或

「人才內閣」。熊總理兼任財政總長，其他閣員，如司法總長梁啟超，教育總長汪大燮，陸軍總長段祺瑞，工商總長張謇（並兼農林總長，至三年二月併兩部為農商部）等，在當時社會看來，自不失為第一流人物，海內也都寄以殷切的期望，期望政治能夠從此修明。結果，熊在任半年，發布的大政方針及各項條例雖然很多，真想有一番作為，但終格於袁世凱的大權獨攬，不能一一付諸實行，徒博得「條例內閣」之譏。

當時熊總理施政方針的大意是：「內治的根本在財政，目前財政收入艱難到何等程度，中央既然一無收入，只有靠外債來過日子，地方又要分一些中央所借到外債的餘屑，照這樣債上套債，破產的禍患，要不了幾年就會來臨的。現在的計劃是治標治本兩方並進：治標方面，把本年的歲入歲出結算一下，大致分做軍事費和行政費兩種，軍事費重新裁減為一萬一千萬元，行政費為一萬四千萬元，和歲入比較約不敷七千萬元。這不敷的數目，或者籌徵新稅，或者再減少行政費，或者舉借內債，等整理有頭緒之後再提出報告；治本方面首先在改正稅制，一面就現行的許多稅選擇其中最煩苛厲民的淘汰掉，其餘的加以整理；一面參照國家社會主義添設新稅以求增加稅收，人民也會間接的受到利益的。其次在整頓金融，暫時照舊習慣採用銀本位，力求統一所鑄的銀幣不要太超過人民的需要。再事擴充中國銀行，鞏固他兌換券的信用，以便隨時吸收現金。兌換券保證準備最好的是公債，所以國家發行公債，銀行樂於承受，就可以獲得資金來建設庶政，直接整理金融來補助財政。這種大事業，原不是行政一部門的力量所能夠貫徹的，必需請求國會的熱誠相助。」針對時需，立論極為扼要。（全文見拙著民國財政史正編，商務印書館出版。）

那時庫藏司長錢鏡平因案革職，熊兼總長命我兼任庫藏司長，我因為事務過繁不容易兼顧，就推薦周作民和張舜欽兩人充任庫藏司專員來幫助我。從前部裡核發款項，都是隨時籌撥的，我兼任司長後就呈准了創立厲行預算，並且訂定收款程序，責令各徵收機關按照預算分月繳清以重職責，支款由會計司於每月十五日按照預算列表呈核，在二十日移送庫藏司儘量在月底以前照表發清，因此庫款收支，都有一定的程序，樹立了良好的風紀。

至於整理各省財政，放在下面的兩個重點：一是各省解款，從前清代中央政府遇著有所需要的時候就派定各省解送，現在改照各省的核定預算數額按時解繳，例如甲省預算以收抵支有餘時，就責令把餘額解送中央，如乙省以收抵支有不夠時，由中央撥款協助，當時各省中，祇有少數省份須要中央的協助，大多數省份都是應該有餘額報解的，中央就可以有很多收入了；二是各省的專款，是從劃分國家稅和地方稅而來，凡是屬於規定國家稅入的稅目，應該由中央徵收，除鹽稅和關稅一向是中央派員徵收的以外，其餘的印花稅、煙酒稅、官產和驗契收入等，都是由各省財政廳兼管，於是產生了專款的名目，這些收入，統由各省財政廳用專款的名目報解。

民國二年十一月四日，袁世凱以二次革命內亂罪之名，下令解散國民黨，並且取消國民黨籍的國會議員。京滬一帶和熊總理有舊交的朋友，認為共和國應該有國會才算正軌，十一月四日的命令是總統發出的，總理是副署的，形式上總理也有責任，勸他早些引退。梁啟超也曾上總統書說，議員紛紛出京，望總統表示尊重國會的意見，或用命令或咨兩院議長表明這個意見，來解釋謠傳，但是這信沒有被採納。民國三年一月十日，袁世凱明令解散國會，二月十二日批准熊希齡辭財政總長兼職，任命周自齊署財政總長。十二日，准熊辭國務總理職，任命外交總長孫寶琦兼代。

後來熊先生籌辦全國煤礦兼任參政院參政。民國四年十二月，袁世凱剽竊帝號，熊先生趕忙辭職回原籍暗地裡還幫助蔡鍔逃亡到天津去，從此以後，絕意不再做官，一心辦理教育和慈善事業，特別對國民黨的革命大業總是儘量的庇護著。先是贛寧一役以後，政府召譚延闓到北京去，意圖暗害他，熊先生就把他安置在國務院，竭力替他調解和辯護，才得到開脫，但自己並沒有自以為得意。張敬堯督辦湖南，譚延闓退駐永州，熊先生設法協助他十多萬元的軍餉。張敬堯摧殘教育，湖南省私立學校的經費更加困難，熊先生特別籌撥經費五萬元接濟他們。長沙紡織廠常寧水口鉛鑛是湖南省最大的利源，張敬堯用籌軍餉的名義要賣給鄰省的商人，合約也談妥了，熊先生率領著湖南人士向北京政府力爭，合約遂沒有訂成功，並且爭回了米鹽公股七、八百萬元。像這樣一類的事，他不知道辦了多少。民國六年秋間，山西省大水災，淹了百多個縣份，熊先生督辦順直水災賑務，救濟災民超過一百萬人；還成立了順直水利委員會浚河導水，消弭了水患的禍根，後來山西從此沒有再發生過大水災。北平西郊靜宜園是清朝皇室夏天避暑的行宮，遭受庚子義和團兵禍燒成了荒林，熊先生洽商主管部門撥充做香山慈幼院，陸續建築房舍，收容了幾百個災後無家可歸的孤兒和當時韓國革命人士的子女，後來繼續增加到千把人，且養且教，撫育得他們白白胖胖、天真快樂，他們學歌舞，習禮貌，個個都很有教養。那所慈幼院的規模在國內是獨一無二的，獲得國內國外的一致稱頌。兩次奉直戰爭以後，軍閥橫行，常常影響到北京的治安，熊先生又靠著中立人士的資格一面維護文化，一面在慈幼院收容難民。

先是熊先生南遊山東、河南、湖南、湖北、江蘇、浙江等省，視察地方教育辦理的情形，中華教育改進社就推舉他做董事長。當時我正好在上海，曾經陪他遊覽吳興、蘇州、常熟的許多名勝，後來陪同到宜興去遊善卷、庚桑兩洞，我的那首五古長篇末後四韻就是那一次同遊的紀述：「善卷辭天子，高風仰其德，庚桑居畏壘，潛光崇其格，古人跡已陳，俯仰聊自適，作詩獻老人，屬稿心先惕。」

後來各省接二連三的天災人禍，他在湖南首創了湖南義賑會，臨時婦孺救濟會，和外國人合辦華洋義賑會，拯救撫卹死傷，不遺餘力。西伯利亞大饑荒國際賑災隊救濟俄國人，他也曾經竭力贊助，因此，被推作世界紅卍字會中華總會的會長。

國民政府成立，推熊先生做賑務委員，中華慈幼協會在上海發起全國慈幼領袖會議，因襲了他的做法，接著他到青島去主持大會。熊先生做官的時候，從來沒計較自家生產，做了多少年官，領到薪俸全都交給朱夫人，她替他積蓄的資產總有三十萬元，民國二十年夏天朱夫人逝世以後，全部拿出來充作兒童幸福社的基金，毀家興學，實在是別人所難以做到的。

熊先生生性淡泊，夫人死了，家裡沒有人治理，後來又續娶毛彥文夫人。民國二十四年二月九日在上海慕爾堂舉行婚禮，時熊先生年六十六，毛女士年三十三，兩人合為九十九，一時傳為佳話。嘉賓蒞止如黃郛、吳鐵城、李石曾、賀耀組等，達五百餘人，多海內聞達，喜聯詞句，尤多雋語，如鄭洪年聯云：「兒孫環繞迎新母，樂趣婆娑看老夫」，馮陳昭宇聯云：「舊同學成新伯母，老年伯作大姐夫」。婚禮頗簡單，熊先生著藍袍黑褂，頷下已濯濯無鬚，非復曩昔之于思于思，看去如五十許人，恂恂然儒者風度。

二十六年春，熊氏偕同毛夫人到爪哇去出席國際禁販婦孺會議，回來後就到青島去籌辦嬰兒園，不久蘆溝橋事變，上海也發生了戰事，他便去上海和紅卍字會的同人合力辦理救護工作，設傷兵醫院四處，難民收容所八處，救治傷兵總在六千名以上，收容難民達二萬多人。上海的慈善團體聯合救災會推他做副委員長，又發起街童教育社，並且籌劃香山慈幼院遷校的經費。到京滬一帶淪陷以後，他擬到西南各省去推廣紅卍字會救護的事，並作香山慈幼院由北平遷至湖南長沙的種種布署。同年十二月偕同毛夫人先到香港去給難民傷兵募捐，剛到香港不幾天，得了腦溢血病，就在那個月的二十五日逝世在香港，享年六十八歲。

熊先生志氣宏大，氣度豁達，年青時候很得意，很有些權力，得到當局的重用；而他也能夠在這亂世自愛自發，做個清官，後來發揮他的志向，盡力從事教育和慈善事業。他平素摒絕了一切嗜好，用作畫和填詞來白我歡娛。晚年對自己的生活看得很恬淡、瀟灑和文雅，也時常研究哲理、雖然終日處理的事務細碎繁忙，究竟也不費什麼精神。記得那年冬初他還替我第二個兒子德懷證婚，那時他的精神矍鑠，身體健旺，想不到沒幾個月的時間，竟永離人世了，使我不勝悼念！當時我曾撰一首七古二十二韻輓弔他，還記得末兩韻是：「精神痛苦忍受難（先生歿前四日致朱經農函語），到老憂時心彌篤，驀地噩耗南天來，公誼私情並一哭。」現在重加吟哦，仍覺得非常感傷，且抄錄下來作為本節的結束。

周學熙（一八六六－一九四七）

周總長學熙，字緝之，別號止菴，安徽至德縣人。周父馥是佐李鴻章的幕僚，官拜山東巡撫和兩江總督。周學熙在兄弟輩裡排行第四，人家都稱他做四先生。他幼年時候跟李蓴客學算學和地理，都很有心得。二十九歲參加順天鄉試，中了第十八名的舉人，恰又遇著科場裡發生了舞弊案，清朝皇帝下諭這次覆試不算數，派員查明之後另外定期覆試，於是禮部再定期傳周學熙等在保和殿覆試，規矩極嚴，主考官是大學士李鴻藻，周學熙在保和殿從容應付，仍舊名列一等第一，分發到山東去充任大學堂總辦，為各省設立大學的開始。山東大學堂分正備兩齋，正齋四年畢業，備齋兩年畢業，就像後來大學的本科和預科一樣。周總辦親手編訂了《中學正宗》和《西學要領》兩書，闡明了中學體制和西學實用的真諦。不久赴調直隸，從永通道臺做起，一級一級晉升到臬司，後來因為母親病故辭職。他在任時，曾經創辦了銀元局、官銀號、工藝局、勸業鐵工廠、高等工業學堂等，雖然時間短暫，沒有能夠發揚光大起來，但是打開了風氣，民營工業遂逐漸興起了，政府當時成立了農工商部就把周總長調充參議，籌辦發展農工商的業務。

民國元年九月，周學熙繼任財政總長，他穿著一襲寬袖長袍，體形清癯而態度溫文斯雅，說話做事，都有條有理而極其扼要。當年財政次長是趙椿年（劍秋），他在清朝末年做過農工商部的參議，秉性敦厚，和同事相處很得好，後來調任稅務處會辦和崇文門稅關監督。趙夫人精小篆，曾經寫了一付錦裝對聯送給我做紀念。後來財政部改組，取消財政討論會，調我充任編纂，同時發表了留美學生廷試第一的項驤（微塵）擔任首席參事，此外賦稅司長是清朝末年進士赴日留學歸來的李景銘（石芝），會計司長也是清朝末年進士赴日留學歸來的曲卓新（荔齋），公債司長是早年留學日本曾任大清銀行營業科長的陳威（公蓋），錢幣司長是留美卒業廷試第一的吳乃琛（蓋忱），庫藏司長是留日學生曾在清朝末年任浙江清理財政局會辦的錢應清（鏡平），財政調查處總辦是早年留日學生在清朝末年已顯達的王璟芳（筱宋），當時我曾經擬訂了劃分國家稅地方稅和國家政費地方政費兩案，甚為詳盡而可行，立即被周總長所採用。當年周總長出席國會報告財政方　，內容分做甲乙兩項，甲項是財政政策，分做稅項的劃分、稅權的統一、稅目的釐訂和稅制的更新四目；乙項是經濟政策，分做公債的籌劃、幣制的統一、銀行的計劃、產業的保護四目。（全文見拙著民國財政史正編）

民國二年元旦，南京都督程德全（雪樓）宴請孫前總統，我和單鎮（束笙）正好由部派往視察江蘇省的財政，住在督署西花園，受邀作陪，同席還有陳英士都督、冷禦秋師長、陳之驥、章梓、洪承點等。餐後，主人送孫前總統及其他客人開國紀念幣兩枚，作為紀念。孫前總統創建共和，這種功成不居的精神，使初次識荊的我，深受感動。

後來我和單鎮公事完畢，合編了一冊江蘇財政調查報告，呈復到財政部，單鎮就留在江蘇省籌備國稅廳，我回到部裡改充編纂處主任。二月，會計司長出缺，周總長要我擔任，我再三謙辭不掉，才答允暫時代理。那時國會已經開會，急切地催送預算，我邀集本司周作民、胡君茀、熊慕韓、蘇漢樵、欒筱髯、沈定九等商議，組織委員會，以本司的職員作基本，添聘了各部主辦預算人員幫忙，分股辦事，連夜趕編，不到三個月，民二年度的全國預算總分表計四十七冊全部完成，這是民國以來第一次編成的預算，也是導發了以後年度預算的編製。

在周總長任內，最使全國注目也最令他感到棘手的便是所謂大借款問題。大借款的進行，始於唐紹儀組閣時，總在似破裂非破裂的情況中，至民元八月間中止。當時所欠各國庚子賠款已達三百萬鎊，比國墊款及六國銀行團墊款也都在民國二咩六月前後到期，同時中央各部所欠新舊內外債又高達八千萬元。中央既無直接收入，各省也自顧不暇，這個局面，著實難以應付。所以周學熙出長財政後，不得不重與六國（美、英、法、德、日、俄）銀團開議。民元十二月間，關於借款的重要條件，已大致就緒，但銀行團方面又發生變化。民國二年三月間，美國政府以銀行團要求中國的財政監督權太無道理，令本國銀行退出借款團之外，並獎勵使宜投資，其餘五國大為震動。如果不是袁世凱蓄意製造內亂，又切望外資去鎮壓內亂的話，當時的確是衝破五國銀團羅網的一個機會。孰料袁於宋案發生後，知戰事不可免，便祕密與五國銀團交涉，促成大借款，以為用兵及賄買各方的資金。五國銀團正在受美國退出的恐慌中，那有不歡迎之理？於是五國自相聯合，將要求條件，稍示讓步，因此，一年多來不能成立的合同，遂於數日之內簽定。主持這次巨額外債簽字的是國務總理趙秉鈞和周總長，外交總長陸徵祥也一同署名。也許是一種巧合吧！在二千五百萬鎊大借款合同簽字的那天——四月二十六日——也正是宋案證據宣布的日子。

大借款成立後，國民黨議員大譁，以為沒經國會通過，於手續不合。這次借款，為數雖鉅，但債券九折出售，八四實收，實際上只得到二千一百萬鎊。再扣除四國、六國、比國之墊款，各銀行之小借款等等，所剩無幾。而四十七年間之利息四千二百八十五萬鎊，本利合計至六千七百八十五萬餘鎊，這是多麼大的損失！參眾兩院，以為借款至二千五百萬鎊，又要監督財政，干涉鹽務，過去從來沒有過這樣嚴酷的條件，是我國財政史上一大痛事！紛紛提出反對及質問案，復通電各省都督民政長，請協力取消這一項借款。

宋案的發生，大借款的成立，皆為國人所不滿，與這二事有直接關係的趙秉鈞與周學熙，因此也備受內外攻擊。趙既辭職，代以段祺瑞。至五月十六日，周總長也就請假，以梁士詒署財政部次長，代理部務。周在簽呈上說：「觀察財政病癥所在，由於兵多為患，善後借款列有裁遣軍隊費，以期虛枯回生。」並且公布了善後借款的內情，大意是——

「本部辦理借款，上年九月間先經國務會議決定大綱五條，出席前參議院協商取得同意，本此標準迭與銀團磋商，未越大綱範圍，銀團要求利息五厘五，商減為五厘，至稽核鹽款審核用途等款，由我聘用洋員會同華員辦理，為從來借款所無，並於合同內訂明借款本利按照交付，則不得干涉鹽政事宜，並無監督財政之情形。又善後借款附件（甲）賠款及銀團墊款到期本息，（乙）各省欠付外商銀行本息，（丙）裁遣軍隊費，（丁）政府不久到期債款，（戊）行政費以六個月計算，至於借款告成，涸轍稍蘇，對於此後計劃，（一）統一行政費，如劃分兩稅嚴核預算是。（二）整飭機關，如推設銀行流通紙幣是。（三）節流，如劃定軍區限制兵額是。（四）開源，如整理鹽稅酌加鹽稅是，以上諸端，果能積極推行，六個月後財政整理當有眉目，不至恃債為生，則此次借款，未始非續命之湯，否則彼時之危險，必更有十百倍於今日者。」

兩方面的意見，各執一詞，大家的立場不同，看法也就各異。在借款交涉期間，一位通曉民初北京政界內幕的新聞記者黃遠庸先生，曾多次為文評論此事。民國二年一月二十六日，他為《中國少年週刊》寫了一篇〈告陸總長及周總長〉，內稱：「君（周總長）之力主借款，深識其經濟政策與外交政策之關係，在國勢雖已稍晚，然君之宗旨良復不誤。」（見遠生遺著卷一頁四一）無奈那時袁世凱滿肚子暗懷著野心，趁此機會移用善後借款，假借了附件（丙）項裁遣軍隊費的說法摧殘國民黨，終於導致了二次革命的發生。

民國四年四月二十七日，周學熙再次擔任了財政總長，他一向黎明即起，上午八點鐘準時到辦公廳，使得一向遲起的張壽齡次長，也只好跟著八點鐘趕到部裡。那時我回任參事兼全國官產處會辦。周總長對於風紀很注重，他聽到外面傳說庫藏司周作民司長打麻將一底就是五十元，就免了他的職，派丁道津繼任。又另派了金兆蕃充會計司長。在管理金融方面，派李伯芝（士偉）擔任中國銀行總裁，趙椿年會辦中國銀行的事務。那時財政部增設了交換貨幣的機構，在中國銀行裡專設一處辦理貨幣的交換，各省遍設貨幣交換所，使雜幣正貨互相可以交換。在處理稅務方面，他派鈕傳善為全國菸酒公賣局總辦，要他對原有菸酒應徵的稅捐致力加以整理；同時創設菸酒公賣的制度，按照價值加抽公賣經費，充裕稅源。在儲金方面，他派趙從蕃兼辦採金局，八月先成立了黑龍江採金局從事採金，再逐漸推廣到各地，策劃全國採金，期望產量會一年一年的多起來。

民國四年的歲入和歲出預算比較之下，約短少了五千多萬元，周總長就和梁士詒總理商量，要內國公債局募集二千四百萬原來彌補。那時的政潮，發生了交通系和皖系的暗鬪，交通系的主腦是梁士詒，皖系的是足智多謀的政事堂左丞楊士琦，周總長在五路參案之時，因為財政次長兼鹽務署長張弧是傾向於梁士詒的，他一方面佯作呼應，一方面又阻撓鹽政，周總長就參了他一本，把他發往四川，所遺財政次長兼鹽務署長的缺奉令派龔心湛擔任，一時交通系恐慌起來。後來周總長和段祺瑞總長都因為反對袁世凱的稱帝，段祺瑞被疏遠了，周總長就遷居到北海去，等於把他軟禁在那裡。

周總長出身閥族，又久浮沉於宦海，故閱歷特深。處事有條理，且謹慎小心，有先輩風。他平生抱著實業建設的遠大志願，當時一般人稱他和張謇為南北兩位四先生，南四先生張謇字季直，清朝光緒年間中狀元，才思豐富，倡議棉鐵救國論，辦南通棉墾，創大生紗廠，興辦南通地方自治，規模很大；但是志大才疏，各種事業在中途受了挫折，張氏竟憂鬱致病逝世。北四先生就是周總長，他平生不作高論，總是腳踏實地逐步實行，先後舉辦了啟新洋灰、開灤煤鑛、華新紡織、耀華玻璃、興華棉業等公司和長蘆棉墾局，都很有成績，他的成就不在南張之下。他六十歲以後，所有的事業都交給僚屬辦理，一切公開。晚年退隱在家裡，教導子弟們做事要創造，他的公子周明煒（志俊）承繼了他的志向，在上海和青島創立新式紗廠，和上海榮德生兄弟都很出名。周總長在八十歲生辰的時候，精神依然很健旺，他的孫女叔媜在大學攻讀史地系，提出了畢業論文向他祝賀，就是詳細記述他一生的事業和學行（後稱至德周止庵先生別傳刊行），文內曾提到：「在計相任內所登庸者，皆一時俊彥，如賈士毅、徐恩元、徐新六等，都非同鄉和親戚。」事隔多年，年屆大耋之時，還念念不忘他三十年前的舊屬講述給孫輩，真是提挈後進，公而無私。現在使人回想起來，周總長當時的音容彷彿尚在人間。

梁士詒（一八六九－一九三三）

梁士詒代總長，字翼夫，號燕孫，廣東三水縣人。生於清同治八年（一八六九），死於民國二十二年（一九三三），享年六十五歲。他是清末民初政壇上極活躍的人物，也是身經宦海風濤起伏最大的人物。民國二十二年六月二十七日，胡適之先生在《四十自述》的自序中說：

「我有一次見著梁士詒先生，我很誠懇的勸他寫一部自敘，因為我知道他在中國政治史與財政史上都曾扮演過很重要的腳色，所以我希望他替將來的史家留下一點史料。我也知道他寫的自傳也許是要替他自己洗刷他的罪過；但這是不妨事的，有訓練的史家自有防弊的方法；最要緊的是要他自己寫他心理上的動機，黑幕裡的線索，和他站在特殊地位的觀察。前兩個月，我讀了梁士詒先生的訃告，他的自敘或年譜大概也就成了我的夢想了。」

梁先生的「自敘」雖然成了胡先生的「夢想」，可是梁先生的「年譜」卻於民國二十八年在他的幕僚岑學呂手中完成了。岑氏在三水梁燕孫先生年譜中，旁徵博引，不厭其瑣，保留了甚多的原始資料，彌足珍貴！

梁代總長早年科舉高中入第，錄進詞館，氣度豁達，見識遠大，處事剛果，重實踐而不空談，做事有魄力。民國二年五月十六日財政總長周學熙請假，梁先生由財政次長兼代部務，以總統府祕書長兼管財政、金融和交通，大權集於一身，也就難免遭到一些人的議論。他一生在宦海中遭遇過幾次大的風波，起初他擔任清朝的郵傳部全國鐵路局長，最早管理京漢、滬寧、道清、正太和汴洛五條鐵路，後來又增管京奉和廣九兩路，同時經營延展建築的津浦、吉長和株萍三路，辛苦經營，開闢中國交通的新局面，只因開罪了權貴，郵傳部尚書盛宣懷參了他一本就撤了職，這是他第一次政潮的起伏。

到了武昌革命起義，袁世凱出來組閣，梁氏由郵傳部副大臣升了郵傳部大臣。民國元年三月轉任總統府祕書長。五月因交通銀行總理李經楚所營之義善源銀號倒閉，他又兼任了交通銀行總理。第二年五月善後借款成立，秋間又代理財政部務，這是他平生事業全盛的時期。在統一以前，他和袁世凱的關係至密，那時宮中府中大小事體都要向他請示，有人請謁總統時，袁世凱總說「見梁祕書長去」。當時關於拉攏各方，調和南北的各種條陳，也很少不出梁氏手筆的。民初上海坊間流傳的袁大總統書牘彙編（徐有朋編），可以說就是一部梁士詒書牘。可見他事權的吃重了。民國三年五月一日政事堂成立，梁氏不肯附和，不得不出公府改任稅務處督辦，和皖系楊士琦暗鬬，接著因為五路參案牽涉到陸軍交通財政三次長，袁世凱指使江蘇江西廣東禁烟特派員蔡乃煌藉著禁烟的名義，暗地裡為帝制運動籌款子，因此梁士詒和周學熙間便起了爭執，互相推卸責任，後來蔡乃煌死在龍濟光手裡。民國五年袁世凱稱帝改元，不久就因討伐軍起退位而抑鬱以死。七月懲辦變亂的人，被通緝者八人，梁士詒也被列在名單裡，這是他第二次政潮的起伏。

民國七年二月明令免了梁士詒的通緝，六月一日交通銀行開股東大會選舉他為董事長，不久他復任了內國公債局總理。十年十二月二十四日他又給推舉出來組織內閣，當時吳佩孚疑心他要聯合孫前總統、段祺瑞和張作霖三方面的力量創一個新局面，所以就通電反對，陳光遠等直系軍人紛紛發電響應，後來張作霖雖發電政府為梁氏撐腰，而吳佩孚卻直接致電梁氏勸其見機而退，言外含著威迫的意思。到了十一年一月二十五日他就請假離職，他這次就任內閣只一個月零一天。不久，奉直兩系起了伙併，奉軍敗退軍糧城，直系逼徐世昌派他個煽動戰事的禍首革了他的職，還要交法庭訊辦，這是他第三次政潮的起伏。

民國十四年一月，段執政電請梁士詒出席善後會議，他到北京出席會議之後，就被留任為財政善後委員會委員長，在外面論政的日子比較少，在家裡休養的時候比較多，他的生平事蹟，有關交通、外交、金融、經濟諸大端，在岑學呂著的年譜中，甚為詳盡，我這裡不過約略紀述他代理財政部務的一些事蹟。

民國二年五月十六日梁士詒就任代財政總長，當他去國會討論預算的時候，我是主管司，隨同出席答詢，後來部裡召集財政會議，梁氏提出救濟目前財政辦法的主張，首先闡述當前財政上六點困難，是先從清代宣統三年預算冊列的收支相抵不敷七千多萬元起始，革命以後，傷盡了元氣，收入自然有減無增，支出卻是有增無減；其次是民國二年的預算案，歲入歲出總額都是六萬四千六百多萬元，但是實際上不敷一萬五千三百多萬元，不得已舉辦新稅和公債來彌補，表面上好像是收支平衡，將來能否如數收到還是問題；再其次臨時政府成立以來，協解的款十有九虛，臨時向各省告急，很少響應，即使有一兩省份答應協助，繳款不會多，而且至多協助一兩次就又停止了；第四是民國初成立，國體系統相當混亂，機關之間很多隔閡，不特新稅新法無從實行，就是要派遣一人去調查狀況籌設一廳來整頓收入，各省都會起了疑心，處處為難；第五是一般輿論動不動歸咎政府的沒有財政計劃，只會提出過期的預算，事實上財政部催辦預算已經催了一年，公文電報一份份的發出去，而響應的寥寥無幾，有的列了些數字而沒有名目，有的列個總數而沒有細數，要列出一個收支明細表都不能夠，中央再有什麼方法去監督；最後講財政，有的人要舉辦內國公債，有的人要舉辦實業，有的人要整理金融，更有的人要發行不兌換紙幣或舉辦愛國捐，除了些空談之外，短期內債雖然是近世各國通行的救濟一時財政困難的方法，在政府和人民之間經濟上素來沒有堅固信用的我國，很難倣照實行。至於銀行實業都先需要資本，目前國家開支就沒法籌錢應付，自然更談不到投資圖強的道理。

　　於是梁氏提出了財政四項治標的法案：第一是勵行節餉主義，各省預算冊原列陸軍費一項達二萬萬以上，經過陸軍部核減為一萬六千一百餘萬元，其中五十師經費八千六百餘萬元，陸軍參謀兩部直轄機關經費為四千七百餘萬元，各省裁遣費為二千七百餘萬元，且把第三項經費來裁遣各省餘兵和裁撤不急要的軍事機關，全國陸軍費絕對不得超過上面所核定的預算數字。第二是勵行減政主義，自從南北統一以後，從中央到各省政治複雜，政費因此也龐大，要想辦法補救，只有緊縮局面，作持久打算，所以計劃在短期內裁掉不重要的政務，歸併不必要的官署，正本清源，裁汰冗濫的官吏，節省虛浮的俸給和費用。第三是增加新稅，國家基礎還沒有穩固，需要的費用卻很多，所以增加新的稅收實在是目前不可稍緩的事，印花稅法已經前參議院議決公布，所得稅法也由財政部擬定了草案，可以立刻送去國會核議，現在從收效可望速成的應該是實行驗契和契稅兩案，並趁著奢侈品寓禁於徵聲中，可以提高烟酒稅率來增加收入，同時比照日本方法試辦牙稅來增加稅源。第四是整頓舊稅，我國各稅，可說稅稅都有弊端，其中弊端最大而且也急於要整頓的是鹽稅，鹽稅制度究竟應該採取就場徵稅制或就場官專賣制，必需詳加研究作根本上的改善，今天整頓鹽稅，是從均稅入手來平均全國人民的負擔；其次如田賦、關稅和釐金等，也都要逐一研究出一個整理的方策，尤其著重尋求恢復舊稅應收的稅額，來鞏固當前財政的基礎。

上面是梁代總長在他的演說裡提出的六點，確實是那時內外隔閡和財政上的困難，那四項治標策略的前兩項是節流的道理，後兩項是開源的方法，他最期望的是內外財政的統一，所以他說：「財政不統一，別的政事就沒法能夠統一，中央既不能和各省收到指臂相連的效果，省和縣市也就成為分裂的形勢，慢慢的陷進了破產的危機了。」他接著又說：「各省協濟中央，就是照前清的解部辦法，本部編有各省解繳協款的盈虧表，可以向主管司取閱，就可以查出各省應解和欠繳的數目了。現在本部新設稅法委員會，深望各位隨時把你們的所見所聞告訴我參考和討論。」這些話說得多麼的誠摯。

梁代總長曾經說過：「中國以農立國，歷史上常常有藏錢積穀稱做盛世，誰知穀賤傷農，才是中國的大患。」他擔任代理財政部務的時候，把運米出口說帖，毅然向國務會議提出來呈請施行，後來因為大家的論調不一致，沒有能夠實施。他提議的辦法是這樣的：

「弛禁是裕國之要圖，保民之至計，其辦法則出省與出洋分別規定。查近年來湖南安徽等省產米之區，經陸軍以需用軍食及各省因荒歉而派員採買者，歷年有之。嗣後無論何省，凡屬歲收豐稔者，均任商民輸運他省銷售。照章完納稅釐即准販運，惟該省米糧僅敷本省所需時，即由地方官酌量情形出示禁止。至出口米穀，照約只准轉運通商他口，令商人出具結實信據，方准給照，限期繳銷。嗣因日本公使要求南滿糧食出口，經稅務處商明東三省總督准運出洋者，如小麥、高粱、包穀、蕎麥及粟等類，並聲明豐年准運，歉歲則任我禁止。如因民食缺乏，仍由地方官先期一個月知照禁運在案。今為推廣辦法，無論何省何項糧食，均准一律出洋，仍援照本省限制條例辦理。惟先期示禁一月之限期較寬，擬照中央通商行船條約二十一日前示禁辦法，以期妥慎。其應納稅項，凡出洋者，擬照轉口稅加倍徵收。」

梁代總長糧米開禁案的見識很遠大，還有益於內地農民，如果能夠早些實施，幾年之後，不僅全國農業能夠逐漸的發展起來，國家的稅收也可以增加起來，實在是一舉兩得的辦法，後來沒有到國務會議的通過實行，真是可惜。

清末民初間，活躍在政壇而處境又相同者有三人：一為盛宣懷（杏蓀），一為張謇（季直），一為梁士詒。論年輩，盛最早，張次之，梁最晚。他們為人有一共同特點，即實踐而不尚空談；其畢生盡瘁於實業、交通、金融、外交、工鑛、水利，亦相類似。至若「名滿天下而謗亦隨之」，更為三人生前同一遭遇。梁先生以身綰國內經濟財政之樞，凡二十餘年，絕不以榮辱禍福介懷，先生嘗語其子云：「人為毀譽得失所纏縛，決非豪傑。余一生所為，毀譽聽之他人，是非決之一己……」。又於病逝前夕與家人訣別云：「余一生所負毀譽，不可勝計，向不置辯，自信世界上必有深知我者。余一生所為，雖不謂無錯誤，然為國為民之觀念，無時不在胸中；所有事跡，雖不願表襮，然真相自在，論世者或能於事實上尋求之也。」綜觀梁氏一生，固然毀之者多，譽之者少，可是他還究竟為國家做了不少的事，和後來一班只要錢不做事的官僚，自然是不能同日而語的。

周自齊（一八六九－一九二三）

單縣周自齊先生，字子廙。有人說子廙官迷，是民國財政界中的一個官僚，因為在他一生中，無論什麼官都願意做，甚至在袁世凱稱帝時，被任為大典籌備委員，袁氏失敗，乃以帝制禍首而被通緝，亡命日本。一直到民國七年，馮國璋代政時，才回國出任幣制局總裁。綜觀周氏一生，仍以在財政界的時間最久，也唯有在財政方面最有貢獻。

周氏幼年時跟隨父親住在廣東任所，清朝末年中了舉人副榜，等到同文館畢了業，曾跟隨洵貝勒到歐美去訪問。光緒三十三、四年間，伍廷芳任駐美公使，周自齊曾一度被推薦充任他的代辦，交涉美國退回庚子賠款約一千三百餘萬美元的事，並且由外務部和學部會同委他充任學務處總辦。那時候留美學生和在美華僑對他都很愛戴，後來他調任外務部右丞。

民國成立，袁世凱就任臨時大總統，各部大臣都稱為首領，周總長是度支部的首領，訪問英、美、法、德四國銀行團，就前訂的幣制實業借款合同，改訂做善後借款，議定的條款有四點：（一）中國政府對於借款發行財政債券以鹽款為擔保。（二）四國銀行有支給中國政府三、四、五、六、七、八各月應需政費的優先權。（三）力保中國政府的信用，惟中國政府要給銀行團政治大借款的優先權。（四）年利五厘，折扣九五。原定先行墊支三百十萬兩的，恰又向比國成立借款合約，銀行團就提出抗議，因此造成了所謂外交問題。到了熊希齡擔任財政總長時期，增加了日、俄兩國。後來周學熙掌理財政部時期，美國因為條件中有苛刻要求監督用途，沒有談判好就退了出去，所以五國善後借款是開始於周氏任職度支部時候和四國銀行團的商議。

七月周自齊改任山東都督。他雖然是一個文人，但鄉邦都很推重他，所以就任了這個職位。

民國三年一月十二日，熊希齡辭國務總理，以孫寶琦兼代，特任周氏調署財政總長，同時發表的次長是張壽齡（筱松），張次長曾經做過天津縣知事，精於勾稽，是袁世凱所信任的人。另一位財政次長張弧（岱杉）兼任鹽務署長，他舉止瀟洒，處事很有些智謀。我當時以一身兼任會計庫藏兩司，深覺心力交瘁，不但事務繁瑣，而且款項的出納關係很大，久任其事，難免百密不有一疏，就當面請求周總長給我調個比較清簡一些的職務，遂調任了參事，所遺的會計庫藏兩缺，派朱曜東、周作民繼任。當時財政部有兩項措施值得一提的：一是勸募公債；一是催徵驗契。當歐戰發生的時候，周總長明瞭外債難借，又感覺到以往幾次募集內債的失敗，要想達到籌措財源，非有周詳的計劃不可，於是呈准發行了三年公債銀元二千四百萬元，設立內國公債局，請梁士詒擔任總理，負責募集，只兩個月功夫，就超過了一千六百萬元，最後的結果共計募集了二千五百四十萬餘元，比原定的債額還多出一百四十萬餘元，這是我國內債史上成績最好的一次。民國三年一月，頒布了經過周總長策劃率屬研訂的驗契條例，到了秋徵時候，賦稅司李景銘司長請假回福建奔喪去了，賦稅司交給我兼代，我就依據條例分電各省催徵驗契費，條例上規定：「（一）呈驗舊契無論典賣，一律要註冊給予新契紙，酌收紙價一元和註冊費一角。（二）呈驗期限以六個月為限，逾限加倍徵收紙價費。」各地老百姓因為納費不多，而且還領得到新契紙，所以都踴躍呈驗，因此民國三年的預算定額是一千五百九十多萬元，實際收到的有三千一百八十多萬元，竟然增加了一倍。當時又派薩福懋和陳威擔任中國銀行的正副總裁，協力指導對內對外的業務，擔當起安定各地金融方針，這也是周總長所最注意的。

民國九年八月九日，靳雲鵬第二次組閣，十一日，又邀周自齊擔任財政總長，周總長很了解中央財政不容易整理的主要原因，實在由於京鈔的沒有能夠全部收回，如果要刷新政治整理財政，應該先從這方面著手。但是那時候財政很困難，實在沒有法子籌到這樣一筆現金來抵換，所以又只有計劃發行公債一條路。回頭看看上一年雖然曾經發行過一次長短期公債，用來撥還中國、交通兩家銀行的欠款和收兌京鈔，但事實上京鈔沒有兌清，周總長便和內國公債局總理梁士詒商訂發行整理金融短期公債，來完成這件事。後來經過國務會議議決，由財政部發行整理金融短期公債六千萬元，以三千六百萬元發交內國公債局出售，從十月一日起四個月內按照額面收回京鈔全部銷燬，滿期後就停兌，京鈔也就不准再有授受和行市。如果不願意購換債票的，可以向中國、交通兩銀行換取存單，利率期限都和公債一樣。一面另外由財政部幣制局趕快訂頒發行兌換券條例，嚴格限制，借此來整理金融。

那時輿論界，以為中國、交通兩銀行的北京地名鈔票，早已經過發行七年短期公債四千八百萬元和七年六厘公債四千五百萬元，由前公債局調換銷燬完了的，怎麼又要發行新公債呢？而且新公債用關稅的餘款來做擔保，發生很多疑竇，周總長不得不再從這兩個問題來了一大篇的說明：

「第一、六千萬元債額問題。京鈔在交通部積存的約二千一百萬元，存在各銀錢行號的大約七、八百萬元，投機商積存的約兩三百萬元，民國個人零星存入銀行的約一百萬元，加上財政部兩三年來所借各銀行的京鈔債款，還有二千四百五十多萬元，所以新公債發行了六千萬元。」

「第二、關稅餘額做擔保。那時每年關稅收入在四千萬兩左右，除付洋賠各款，三四年公債和七年短期公債還本不敷款，還約略可以淨得關餘一千八百餘萬兩，假定鎊價看高，（鎊價有直接關係時僅英德洋款和俄法借款兩項）每年不過增加銀子三百多萬兩，還餘一千四百多萬兩，足夠用來償付新公債的本息了。」

這一項說明還附了各種細數表登載在各大報上，輿論界才明白了它的原委。這一次的公債如期結束，募債數額也照原案實施告成，金融活動，市面平靜，幾年來的困難，一下子獲得了解決，周總長和梁士詒總理對這件事才算鬆了一口氣。八月間我調充了總務廳長，十月中我又外調，奉命充任鎮江關監督兼交涉員。

民國十一年四月八日，周總長調署教育總長兼國務總理。不久，奉直兩派展開了戰火，曹錕和張作霖各自計劃擴張勢力，五月五日奉軍敗退軍糧城，直系逼迫徐世昌下令說是：「此次近畿發生戰事，殘害生靈，折傷軍士，皆由於葉恭綽、梁士詒、張弧等搆煽醞釀而成，誤國殃民，實屬罪無可逭！葉恭綽、梁士詒、張弧均著即行褫職，並褫奪勳位勳章，逮交法庭依法訊辦。」第二天周總理在國務院打長途電話給梁士詒，請梁親自接聽，說明革職令快要下來了，本人因為兼代總理，例應副署，這件事實在對不起幾十年的老朋友，請原諒，並且勸他趕快離開天津避避風頭。六月二日，徐世昌大總統辭了職，把大總統印交給國務院後，離開北京到天津去了，國務院周自齊等通電各省說：「大總統職權奉還國會，暫以國民資格維持一切，聽候接收。」七日黎元洪進京就職，批准了國務總理署教育總長的周自齊免去本兼各職。後來周總長奉派到歐美去擔任實業專使，考察各地的實業。民國十三年病故。

當周氏病危的時候，他還對張名振說：「我這一生，只有副署通緝梁燕老這一回事最疚神明，我死後請替我多多向他解釋。」他一生雖然「官迷」，但對朋友的交情，還是非常深厚和誠篤的！

梁啟超（一八七三—一九二九）

民國六年七月間，張勳和康有為等擁護清朝遜帝復辟，改稱宣統九年，派張鎮芳為度支部尚書，前後只有五天，就給段祺瑞削平了，真可以說是曇花一現。七月十七日段內閣成立，梁啟超（任公）接長了財政部。

新會梁啟超先生，是中國近代史中一個聲名洋溢的人物。在光緒二十四年的戊戌政變時，便名震中外。其後，避居海外，以常帶有感情的筆，發表言論，風靡一時。他的一生是多方面的，是多彩多姿的。他是教育家，也是思想家，是文學家，也是史學家。在政治方面，他是立憲運動者，也是革命運動者。這些都是眾所週知的事，但他在財政方面的一段經歷，卻不一定都耳熟能詳了。

民國二年，孫寶琦代閣時，任公曾任幣制局總裁。五年六月，袁世凱在眾叛親離下羞憤而死。副總統黎元洪繼為總統，實權則在國務總理段祺瑞之手。不久，黎、段即為參戰問題失和。六年五月二十三日，黎免段職，段系督軍即宣告脫離中央。這時號稱辮帥盤踞徐州的安徽督軍張勳，頑固驕橫，正在睥睨中原。及督軍團叛變，黎束手無策，乃用王士珍的計劃，約張入京，共商國是。張勳即率五千辮子兵星夜北上。張陰謀復辟已久，與黎完全同床異夢，遂有與康有為等擁護遜清宣統皇帝復辟之舉。「定宣統九年五月十三日（即民國六年七月一日）臨朝聽政」。復辟後的官制，把財政總長又改稱為度支部尚書，由張鎮芳出任。

當復辟的消息傳到天津，在津的梁啟超、湯化龍立刻發表反對宣言，並往說段祺瑞。段氏受推為共和軍總司令，於馬廠誓師，十二日克復北京，張勳逃入荷蘭使館。復辟的醜劇，好像曇花一現。段氏再度組閣。

七月十七日，令梁啟超（任公）繼李經羲為財政總長，其他的閣員如內務總長湯化龍、司法總長林長民、外交總長汪大燮、農商總長張國淦等，和他都是老朋友。他派金還擔任財政次長，李思浩擔任財政次長兼鹽務署長，黃群（溯初）擔任顧問。黃顧問坐在總長室辦公，參預機要，很有些才能。那時候復辟政變剛剛平定，又遇著對德宣戰的事，加上國內紛爭不息，軍事支出還是要增加，事情很是棘手。財政部只得和日本銀行團簽訂了為期一年日金一千萬元利息七厘的善後借款墊款契約，以鹽稅餘款為擔保，作為行政費用。其中稽核用途依照善後借款第十四條辦理，因此各處的支款，才算有了些著落。

本來梁總長這次出來主持財政部，抱著極大的希望，他的辦法是利用緩付的庚子賠款和幣制借款來徹底改革幣制和整理金融的。所以他的整理綱要是第一步統一硬幣，第二步統一紙幣，從銀本位引入虛金本位，和民國二十四年的法幣政策大體一樣。在那個時候有這種的見解，真教人佩服，現在把它的要點抄在下面：

「一、擬將緩付賠款銀洋七千萬元逐月購買金鎊，向外國市場買收我國各種債券，仍交總稅務司保管支取本息。今協約各國議將我國應付賠款緩付五年，此項緩付金額，若不別圖利用方法，則五年以後，並無利益可言。利用方法奈何，自歐戰發生，各國常以所發外國債券，貶值出售，藉佐軍需。

日本乘此機會，購回該國債券不少，不特減輕債務負擔，而以少額款項購回多額債券，裨益國庫為利實巨，此為我國所應仿效者。

二、發行五千萬元內國公債，即以上項買收在外國發行各債券為擔保，五年以後開始償本。上項退還賠款用以收買債券，所得利益尚少，自應別闢利源，化外債為內債。政府發行五千萬元內國公債，分期發行，即以所收上項各債券為擔保。查三、四年內國公債信用尚著者，半由總稅務司為會計協理，今以買收在外國發行之各債券為擔保，固甚確實，再將前項債券仍交稅務司保管，信用更著。揆之人民心理，應募自必踴躍，欲求足額，在勢不難。

三、幣制借款之必要及理由，改良幣制之不可緩，理由甚明，不待陳述，今日為改良幣制最宜之時期，半因停止支付德奧賠款，借款及其他國家賠款展期，皆足以增進整理貨幣之實力；半因此時與協商國關係更密，借款較易告成。至金價低落，於幣制借款無大損失之理由。甲、目前行政各費尚待外資補充，此項外資每以還債及購物之故，輾轉仍歸外人，無異一方借金還銀，以充國用，他方又以銀買金，流出國外，其為損失，顯然二重，今若借款告成，即以該款之最大部分存外國，以供償還對外之債務，則得金用金，既省匯費，又可保留國內之現銀，二重損失庶可減輕。乙、若必待金貴而後借款，則歐戰未了以前，決無希望，勢必幣制日落，公私交窮，其影響之惡，較諸金價賤時借款之損失，尚覺此善於彼。」

梁總長的以上三點幣制和金融政策，可惜事實上並沒有達到他的願望，只在消極方面維持現狀。曾琦給梁總長的信裡曾說：「今之當局，或動於正義，慨然引公以共國事，然與左右習處既久，不知其奸，聆公道義之言，終不若聽彼之言為親切，一時暫合而共謀，必難久處而無間，深懼九關虎豹，終不能使公挾國家以入坦途耳。」

十一月初，梁總長分別向總統府行政院報告財政支絀的情形，大意說：「上月本部提議中央十個月概算，勉強支配，收支還能夠適合，近來支出一天增加一天，中央開支已經不夠，各省又提出軍隊增加的理由，不是要截留款項，就是要求中央撥款接濟，東幾十萬西幾十萬的，合起來就是幾百萬元，由中央特別發給湖南、四川等省的款項還不在內。中央軍政各費是靠著鹽款和各省專款解繳、煙酒公賣、印花稅、官產等收入來支持，這些項目即使能夠全數報解，還不免要左支右絀。現在各省增加軍費還可以說得過去，湖北、安徽、浙江、陝西等省還說不承認原來核定的解繳數額，湖北、山東更把中央直接收入的煙酒公賣和印花稅官產全數截留，湖南省卻把金庫管理權收歸省有，國家財力有限，各省截留的數目愈多，中央收入的款項愈少，不趕快商訂補救辦法，勢必難於支撐。」各省軍隊和軍費的數字，既是逐漸擴大，中央解款和專款的成規自然就給破壞，割據的局面已經形成，也就難怪梁總長搖頭嘆惜，徬徨無策了。

梁總長在推行改革幣制和整頓金融的時候，曾經有過幣制委員會和戰時財政金融審議會的組織，此外在十月間又組織了赴日財務行政視察團，去日本大藏省和其他有關機關，對財務行政作三個月的詳細考察，計劃以考察所得回來後參考研究改革財政措施的。當時美日兩國卻又聲明恪遵門戶開放主義，反對任何一個政府取得影響中國獨立的特別權利，想不到日本竟施展雙重外交，一方面參加上項聲明，一方面又和我們訂立中國軍械借款，並且軍械同盟的傳說，使我們的輿論界因此就對段內閣大不滿意，一般老朋友很關心梁總長，都勸他早些辭職。

十一月中旬，梁總長以軍費無法籌措，就向總統和總理辭職，大意說：「軍事的興起，極力主張謹慎處理，早已料到財政的前途必定比較過去還要困難，政府原就主張和平解決的，其所以不得不出於一戰，其中實在有說不出的苦衷，本人處身在這個政局裡，那有不深知的道理？所以早就聲明，那種特別支出，必須由政府共同負責，不是財政部所能夠擔得起的。這絕對不是推卸責任的話，其實戰時財政關係著國家的命脈和各方都有著牽連，非通力合作就沒有辦法處理切當。現在西南各省既不肯認錯，自然不會馬上和平解決，國家財政情形，實在已經到了沒法應付的地步，依照個人私意，將來要籌劃救濟的方法，惟有請出軍界老前輩或者和軍界有密切關係而能夠指揮的人來掌理財政，因為他們能夠看穿軍事費用的內容，令出法隨，可以收到指臂相應的效率，……」他臨去的時候，還建議延用繼任人選的方針，從此就可以看出他是多麼熱愛他的國家呀。

那時我編了一部民國財政史快要出版了，梁總長在百忙之中還給我寫序文，說：「往余曾以國民宜求財政常識，著論以告當世，良欲使上自執政，下逮氓庶，莫不深悉財政綱要，以為他日整頓財務計劃之信券。今得賈君是篇而讀之，所謂人人應備之財政常識，一開卷而盡羅於目，豈僅國政隱受其益，抑社會實利賴焉。」諄諄獎飾，使我又感激又慚愧。

民國七年以後梁先生絕意不再做官，致力於教育事業。那時我因為有點私事到天津去，順路拜候他，和他漫無目的的談起舊事來，偶然問他近來有沒有政論發表，他回答我說：「從民國二年秋間參加熊內閣主持司法部，直到民國六年夏天在段內閣擔任財政總長，對於政事都沒有一件收到積極的效果，可說是自己沒有做好，所以也就不願再發表什麼政論，免得給人家說閒話。」說得非常謙虛，弦外之音，卻包含了無限的感慨，真夠耐人尋味。

梁先生平生的事蹟，已經詳見於丁文江編纂的梁任公先生年譜長編初稿，本文不過是他從事財政方面的一些紀述。

李思浩（一八八二—一九六八）

在民國十五年以前，談到理財，必數熊（希齡）、陳（錦濤）、周（自齊）、李（思浩）。而在財政界時間較久者，當推鎮海李思浩（贊侯）。

民國成立，李氏擔任鹽務署科長，不久升任廳長。民國五年，以財政次長兼鹽務署長，漸露頭角，深為段祺瑞激賞，不次提拔。因為和安福系有了密切的關係，才能風雲際會，屢任要職。但他在財政方面的改革計劃，也被安福系武力統一之迷夢所扼殺。民國九年，名列安福禍首，遭到通緝，頗受打擊。十三年，段氏再請李思浩出長財政。十四年，始厭倦官場，辭職南歸。到民國二十四年，華北局勢動盪，又請李氏出任冀察政委會經濟委員會委員長。其受倚重如此。他對人十分和靄，辦事也很精細，而且應付事體非常圓通。在民初能屢任要職，並不是偶然的。

民國八年九月二十四日，徐世昌特命安福系的陸軍總長靳雲鵬，兼代國務總理，財政次長李思浩暫代部務。十一月五日，靳雲鵬正式受命組閣。十二月三日，內閣改組，李思浩為財政總長，曾毓雋為交通總長，朱深為司法總長，三人皆安福系健將，是安福系登峰造極之最盛時期。五四學潮以後，軍閥的聲勢非常狂妄，都在計劃自己保護地盤和勢力而濫募軍隊，養兵要錢，對政府不斷的遞送文書要軍餉，對地方竭盡搜括的能事。李思浩處在這樣環境的夾縫裡，左右為難，所以一面編製預算，讓全國人民明白軍費的龐大，要大家想法裁軍，同時籌借外債來應付各方軍需，促使維持地方的治安。他的措施是：

「一、公布八年度預算　民六以還，國家預算，往往經數年而成立一次，李總長促主管司編造八年度預算，至十二月始行公布，歲入歲出均為四萬九千餘萬元，然就大體觀察，足以表現財政之危機有二：（一）債務收入列五千萬，須借外債或發行內債五千萬元方足彌補實際不敷之數。（二）軍費列一萬一千餘萬元，佔歲出總額五分之二（國債費支出除外），軍費既巨，不僅足以釀成循環戰爭之禍，抑亦違立國制用之方。

二、商訂英國借款　那時軍費激增，財政極度困難。十一月間李總長先因須償還舊借芝加哥大陸商業銀行之款，另向該行借美金五百五十萬元，擔保為菸酒公賣稅，又以豫、皖、閩、陝之貨物稅為附加抵押品，利息按年六釐，折扣九三，償還年限為兩年。後商太平洋拓業公司訂借美金五百五十萬元，專以菸酒署稅收全數為直接抵押品，折扣為九一，其餘利息及償還期限與前項借款相同。」

徐世昌當國以後，直皖兩系意見一天天的加深，中央一切大權仍操於皖系之手，其任武職者尤多。歐戰結束，段祺瑞把參戰軍改做邊防軍，自為督辦，後改邊防軍為定國軍，自任總司令。向日本借款購買日本軍械，一時輿論都反對他。民國九年七月十四日，直皖戰爭爆發，直奉聯軍與皖定國軍在近畿開戰。十七日，奉直軍勝。十九日，段祺瑞電告辭職。二十四日，北政府准免李思浩、曾毓雋、朱深職。二十九日，北政府懲辦禍首的名單裡也有李思浩。

民國十三年，第二次奉直大戰發生，導火線是由於江浙之戰，十月六日直系軍隊打出了山海關，和奉軍激戰的時候，直系將領馮玉祥於二十三日忽然從前線回到北京，組織「國民軍」，發動政變，通電主和停戰，逼曹錕退位，吳佩孚看看局勢不妙，便宣告下野。經過馮玉祥的「逼宮」和黃郛攝政。張作霖、盧永祥和馮玉祥商量，推舉段祺瑞出馬，北方各省先後通電擁護，吳佩孚也派人到北京去表示擁護。十一月二十一日，息影津門五年的段祺瑞過電宣佈大政方針，表示不願稱總統，只稱執政，不設國務總理，二十四日，就臨時執政職，組織臨時政府任命李思浩重新擔任財政總長。

民國十四年三月，李總長和法國大使擬定了解決金法郎辦法的草約，四月二十一日善後會議閉幕，臨時政府公佈金法郎案新協定。這一個公案起因出於庚子賠款，照光緒三十一年改訂的辦法，法國是要依照國際電報匯兌的市價支付的國家，但是歐戰以後，法國工業衰落，法郎的價值大跌，落到國際電報匯兌市價的法郎價格三分之一以下，民國十一年六月法國要求庚款法國部分用金元計算，用來改組中法實業銀行和辦理中法間教育的經費，我國總理顏惠慶竟給蒙蔽了，在七月間和他們簽訂協定，其中關於「法郎」二字都改做「金法郎」，這是第一次協定。後來法國大使又要求撤回金元計算的辦法，直接用金法郎，於是引起了金法郎案的糾紛，意大利、比利時、西班牙等國也援例作同樣的請求，政府才發覺金法郎的錯誤，輿論大譁，遂堅持不讓，交涉便成僵局。民國十一年十二月十六日，財政部把這個案子提出來，經過國務會議議決仍舊用紙法郎計算，張紹曾內閣在民國十二年二月九日經過國務會議決議：「以法國庚子賠款，有上年七月九日拋棄賠款撥充發還遠東存戶存款五釐金券基金，辦理中法間教育事業，代繳中國政府在中法實業銀行未清股本，及代償中國政府短欠中法銀行各債款之協定關係，應仍照案以金法郎計算等因，同日由國務院呈奉總統批可，即由財政部咨行外交部轉知法國公使。」後來國會和一般的輿論還是反對，政府就再把這案子提交國會討論，經眾議院否決，又成懸案。

到了民國十四年四月，段祺瑞因為財政困難，要把退回來的庚子賠款彌補財政赤字，竟然承認了法國的要求，在四月十二日締結了新協定，其中有兩點重要的地方：一是法政府允將法國部分庚款退還中國，作為中法兩國有益事業之用；二是中國承認法國部分庚款餘額，以後不用匯兌法郎計算，而改為匯兌美金計算。段祺瑞因為全國人民反對這個案子，便於四月二十一日通電解釋，說是：

「我國對外經濟政策，首在保存華府會議之精神，故當法公使來見之時，即行鄭重聲明，以關稅會議早應批准，而此案不能與之併為一談。再四磋商，法使允即電達政府，批准華會條約。嗣由外交部與法使研求討論，復經財政部指派專門委員，將全案內容，悉心計議修訂大綱，猶恐未臻完善，並交司法部逐條審查，認為妥善無疵，其中大概情形，業由主管部分別編制新協定與原協定之比較，開列至為詳晰，今撮其要，則為法國政府正式退還賠款，並正式承認一千九百零五年所定電匯辦法。中法銀行復業一節，乃以原有之債務，而變為切實之債權，擔保償還，分期履行，檢查分配，明白規定，政府積欠之款項，代為撥還公司，追認之股本，亦認予扣繳。較之舊案，改善良多。且在此案未經商定以前，由外交部函致法使，促開關稅會議，即據法使覆函，允於最短期間，將華會條約批准，照章開會；在外交方面，既分本案與會議為兩事，分別進行；在財政方面，又允採電匯之法，表示讓步。一再考量，以為如此辦法，尚屬持平。……祺瑞所為負重責以結本案者也。」

這就是第二次協定。（從這次協定成立以後，中法工商銀行方面對於協定條款，都沒有能夠切實履行，並且拒絕中國方面所派的董事到銀行裡去辦公，雖然經過政府再三交涉，都沒有成功。等到民國十六年八月八日再由財政部和中法工商銀行商訂條款交換文書，那是第三次協定了。）

當第二次中法協定的時候，旅津滬漢國會議員通電反對，大意說：「所謂以二五為一十的代名詞，卻又對人說這二五又不是一十，雖然三尺童子騙不過，現在變相承認金法郎案，對於法國一國我們就損失了一億四千多萬元，如果別國也援例要這樣，我們損失的數字就更難估計了，段氏不惜勾結法國人訂這種黑幕重重的協定，來欺騙人民，還光說關稅會議的即速舉行來解決這個案子來作藉口。」這個案子起初是國會反對，接著奉天方面打電報給政府請查李思浩總長的賬目，後來總檢察廳檢察官翁敬又指出金法郎案法國部分我們損失了八千萬元，連同其他各國援例的要求一共要損失一億兩千萬，要把財政總長李思浩和外交總長沈瑞麟議處論罪，還有那司法總長章士釗也有共犯的嫌疑，後來卻又風平浪靜。回想起幾年前的奧國借款問題，為了幾十萬鎊的佣金，竟鬧得天翻地覆，羅總長坐了監牢，現在國家這樣一筆大損失，竟然沒了事，互相比較起來，相差太大了，一時就有人說李總長是把這筆公私所得的款子變成觀世音的楊枝水，灑遍大千世界來應付各方，人人都有些點綴，所以大事化小，小事化無，這也未免謔而虐了。

顧維鈞（一八七一－一九三九）

民國初年，有所謂三大美男子，一是梅蘭芳，一是汪精衛，再一位就是顧維鈞（少川）。顧總長是個絕頂聰明的人，也是在外交界久負盛名的人，他的儀態，他的風度，他的談吐，無不令人讚佩，國際上一提起中國的「威靈吞顧」（Wellington Ku）是無人不知無人不曉的。他的大半生在致力於外交，他的最大貢獻也在外交。本文只記述一些他在民國十年華盛頓會議中對於關稅的改進，和返國後調長財政部時的政績。

華盛頓會議，是由美國總統哈定出面邀請的，名義上是討論限制軍備和協商遠東問題，目的是在建立西太平洋各國勢力的新均衡局面，把美國的對華門戶開放政策，形成為有關國家一致能夠接受的國際性公約。被邀請的有中、英、法、意、日、荷、比、葡等國，於民國十年十一月在華盛頓開幕。中國代表團有六十多人，施肇基是總代表。到華盛頓後分股辦事，顧維鈞、王寵惠、伍朝樞三代表分任各事，財政部門是顧代表負責，當時我就在財政部門充任專門委員。起初擬提關稅自主，外僑納稅平等和賠款退還三個案子，後來因為各方的牽制，沒有能夠全部提出來，只提了關稅自主一個案子，擬定的綱要有六點：

「一、進口稅立即增加切實值百抽一二．五；二、一九二四年一月一日起中國裁釐，各方允我按照壬寅商約增加進出口稅，對於進口奢侈品並加收特別附加稅；三、立約後五年內，中國與各國商訂新約，以最高稅率值百抽二五為限之內，聽憑中國修訂進口稅則，至『約定抽稅』，盡廢之日為止；四、廢除陸路適用減稅辦法；五、立約十年內，所有關於關稅子口稅或其他稅捐之約文，盡行廢除；六、中國聲明對於海關現行組織並無根本變更之意，對於關稅抵償外債之用途，亦無變動。」

各國代表對於這一案，都本著自己的立場，各有各的主張，意見紛歧，沒有辦法得到一致的結論。等到把這案送到遠東委員會，才商定了七項辦法，其中最關重要的三項是：

「一、在滬仿照舊例，各國派員設立修訂稅則委員會，立即切實值百抽五，盡力於四個月辦竣，通告兩月，不俟各國核准，即先實行。

二、中國政府邀請各國派員在中國境內，組織特別委員會應議之事有二：

甲、籌備履行中英商約及中日、中美、中葡商約裁釐加稅之實施。

乙、在裁釐加稅未實施以前，洋貨進口加附加稅值百抽二．五，其洋貨屬奢侈品時，最高稅率得再增二．五，並商定施行日期及用途之分配與夫洋貨類內奢侈品納稅之等級。

三、前項特別委員會俟各國批准後，中國政府隨時得召集之。」

第一項修正稅則，切實值百抽五，政府可以多得到些收入；第二項履行中英、中美、中日、中葡裁釐加稅商約的籌備實施，並且在未實行之前，商定有附加稅的辦法；第三項中國有權隨時召集各國開會，這些雖然距離關稅自主還遠，但確實已經跨上關稅自主的正途了。

民國十一年秋，唐紹儀、王寵惠先後組閣，顧維鈞擔任外交總長，那年十二月五日奉命兼任關稅特別會議籌備處處長，住在北京鐵獅子胡同，我因為有事到京城去拜訪他，談了很久，他的風度依然很瀟洒，同時給我介紹他的黃氏夫人。他夫人是荷印華僑糖業巨子黃仲函的次女，當時手裡牽著一隻洋狗，風姿綽約，殷勤的招待我。他們居家就是陳圓圓的故園，民國初年任鳳苞（字振采，宜興人）住在那裡時我曾去過，當時盤桓留連不忍去的，這次倒是舊地重遊了。

民國十五年四月十九日段祺瑞下野了，北京陷於無政府狀態，齊燮元代表吳佩孚到京城提出擁護憲法，要曹錕下野，由顏惠慶組攝政內閣，奉天派的張作霖卻反對，雙方相持不下。五月十五日，孫傳芳也通電主張恢復顏內閣，攝行總統職務，因此顏惠慶復職，以外交總長兼攝總統職務，就用大總統令調顧維鈞擔任財政總長。那時北方軍閥直、皖、奉、馮都各自懷著野心，擴充軍隊，但財力都很薄弱。金法郎案以後，都想在關稅特別委員會議上開闢改進關稅的新途徑，來獲得一個重大的財源的，所以外交界的有名人物，都被各方面所重視，顏惠慶的復職兼攝總統職務，固然是從這一個出發點，顧維鈞的調財政總長也是同一個因素。

民國十四年十一月十七日，關稅特別會議開幕，王寵惠是我國全權代表，美、英、法、日、意、比、丹麥、挪威、葡萄牙、西班牙、瑞典、荷蘭等十二國也都派了全權代表來參加，王正廷代表政府宣讀關稅自主的提案，大意是說：根據九國協約尊重中國主權完整的精神，並為增進各國之間的和睦交誼起見，提出祛除關於稅則現行條約上的各種障礙，推行中國國定關稅定率條例，實行關稅自主辦法：一、與議各國向中國政府正式聲明尊重關稅自主，並承認解除現行條約中關於關稅的一切束縛；二、中國政府允將裁廢釐金與國定關稅定率條例同時實行，但至遲不得超過民國十八年一月一日；三、在未實行國定關稅定率條例以前，中國海關稅則，照現行的值百抽五外，並臨時附加稅，普通品加征值百抽五，甲種奢侈品（菸酒）加徵值百抽三十，乙種奢侈品加徵值百抽二十。十一月十九日關稅特別會議各國代表通過了中國關稅自主案：

「與議之代表，今採納以下關稅自主之提案，其意將此提案及此後協定之事件，合成一條約，該約在本會中簽訂，除中國外之締約各國，特此承認中國享受關稅自主之權利，約定中國與各國間之現存條約中之關稅上之一切限制廢除，並允許中國國定稅率將於一九二九年一月一日發生效力。」

同時中國代表也有宣言：

「中華民國聲明撤廢釐金與施行國稅定率同時舉行，又聲明中華民國十八年一月一日釐金實行裁廢。」

民國十五年五月九日，關稅特別會議中國委員會通電報告經過情形：

「一、我國原提臨時附加稅辦法，較之華府會議原議稅率普通品增加一倍，奢侈品增加四倍至六倍，各國以稅率過高，未肯贊同。經多次開會，稅率既超過華府會議稅率範圍，須俟各國批准，在未批准之前，我國擬先照華府會議附加稅率實施，以免吃虧。二、裁釐須籌抵補，我國提議過渡期間，在附加稅中籌措，各國代表因商務關係，意見不能一致，討論未得結果，惟定期裁釐，係我國自動宣言，將來由中央與各省合作辦理。三、各國代表對於整理債務，最為重視，惟關於債額條件期間利率，彼此利害相反，主張歧異，舌敝唇焦，尚難確定辦法。現擬先定大綱，再由財政整理會詳定節目。綜觀關稅會議形勢，近畿發生戰事，會議無形停頓，今日財政經濟情況，關稅能否增加，所繫甚巨，而稅權之收回，影響尤為重大，端賴內外同心貫徹始終，實亦友邦之殷望。」

此電發表於顧總長到任前幾天，到了七月三日，關稅特別會議在荷使館集議，各國全權代表發表聲明，中國政局混亂，決定暫時停會，隨著顧總長也就跟了顏總理一起辭職了。

羅文榦（一八八八－一九四一）

羅總長文榦，字鈞任。他與陳錦濤同是廣東人，同是留學生，又同在財政總長任內先後因為控案的牽涉被捕關進監牢。只是陳錦濤前後做了三任的財政總長，羅文榦只做了一任，陳在判有罪刑後奉令特赦的，羅則由法庭判決無罪釋放的。這是兩人間稍微不同的地方。

羅文榦在清末留學英國，專門研究法學，獲牛津大學碩士學位。辛亥年回國時部試進士。民國初年，服務於司法界，歷任廣東司法司長、總檢查廳檢查長、修訂法律館副總裁、司法次長、司法總長、大理院院長、外交總長等職。是全國司法界修訂法律之權威。曾在總檢廳任內參劾籌安會，袁世凱相應不理，便憤慨辭職。

民國十一年九月十九日，王寵惠受命組閣。在王任修訂法律館總裁時，羅為副總裁，其才學便深為王所賞識，至是遂選羅任財政總長。不意履任未久，即受屈入獄。

事情是這樣的：在民國三年時我國政府曾向奧國訂購砲艦四艘，作價英金六百萬鎊，訂為借款，利息每年照六厘計算。奧國還把所得稅七千鎊贈給了我國，由我政府先付價款四分之一以後，奧國就開始建造。後來中國對德、奧宣戰，這個借款造船的合同遂即擱淺了。一直到戰事結束，我們和德、奧恢復了邦交，奧國代表再向北京政府交涉，利息要求加為九厘，對華借款佣金，再增加了八千鎊，要求本利一次付出。經過羅總長交涉結果，原訂的六百萬英鎊，減為四百十一萬鎊，利息仍舊是九厘，佣金全部作為財政部同人的福利金。這個合同在十一月十四日簽了字。那幾天裡王總理因為有事在外交大樓招待國會議員，議長吳景濂問起國會經費為什麼遲遲沒有撥發，王總理回答說財政困難，各機關的經費也多沒有撥發。吳議長很不愜意，正好聽說羅總長簽訂了奧國借款的合同，就向黎元洪大總統密告羅總長訂立奧國借款合同有受賄的事，大總統遂下令把羅文幹送進了監牢。府院為了這件事立刻召開會議，閣員們多說總統違法，應該交法庭處理，如果告發確實，就嚴辦羅文幹；如果是誣告，吳議長應該反坐。這時吳景濂等就跑進總統府阻止蓋印，總統的令沒有下來。二十一日王寵惠以責任內閣已被破壞，等到羅案解決了就辭職。二十二日總統派孫寶琦到地方檢察廳去迎接羅文幹出獄，留在公府禮官處。但是羅文幹表示願受法律裁判，如果有罪，自然應當守法；如果沒有罪，也不必再進總統府。二十五日閣員都辭了職，羅文幹仍回地方檢察廳看守所。第二年七月二十九日，羅文幹經法庭判決無罪出獄，司法總長程克受人慫恿，命令檢察廳不服判決，提起上訴，又把羅文幹關了起來。於是修正法律總裁江庸就彈劾程克，氣憤地辭了職，一時全國司法界譁然。直到民國十三年春，檢察廳撤銷了上訴案，才算結束。

民初羅氏在司法界，聲譽頗隆，法界人士，出其門下者甚多。以法律名家出長財政，遂受縲曳之苦，當非始料所及。不過，他那種自請偵查願受法律裁判的精神，卻極得輿論界的好評。

民國二十二年，羅氏又奉中央命令，宣慰西北，乘飛機到新疆，宣達中央德意。使邊陲的民眾，歡騰雀躍，誠為民國以來所從來沒有過的盛事。羅氏持躬清正，沒有官僚的習氣，也是非常難能可貴的。

王克敏（一八七九－一九四五）

錢塘王克敏，字叔魯，在清朝末年任留日學生監督，民國初年，曾聯絡各國在華銀行的華洋經理，向財政部和其他各部接洽外債事務。他待人很謙遜，生活卻很奢華。

王克敏先後曾經三次擔任財政總長。第一次是民國六年十二月，當時財政部次長一是沈銘昌，一是李思浩，李還兼了鹽務署長，且推薦熟悉財政和金融的張嘉璈擔任中國銀行的副總裁。袁勵清（永廉）充任賦稅司長，朱曜東（延昱）充任會計司長，那時國人期望著關稅自主，七年二月公布國定關稅條例，三月又奉大總統令派到安徽去和倪嗣冲面商軍事和財政問題。返京後因內閣改組辭職。王總長在他任期內顯著的事件有：（一）為整頓中國銀行向日本正金銀行訂借日金一千萬元，（二）他自兼中國銀行總裁，張公權（嘉璈）為副總裁，（三）向日本三井銀行訂借財政部印刷局日金二百萬元，（四）公佈國定稅則條例，這個條例是我和李石芝起草，經過幾次三番才算公佈的。

第二次是民國十二年七月十日高凌霨攝政兼代內閣總理的時候，正值曹錕賄選，他又做了一次很短時間的財政總長。

第三次是民國十二年十月十日，曹錕僭任總統，孫寶琦組閣，王克敏再長財政。說起來，曹錕和王克敏還有一段關係，在清末曹錕尚在行伍當營長的時候，王在保定尼雅河便時常與之聯絡。在曹氏當權期間，他所以一直能邀寵，歷經高凌霨、孫寶琦、顧維鈞、顏惠慶四任內閣，不是沒有原因的。再者，他雖不懂國家財政，曹錕卻很信任他，因為他善於奉承，很得總統的歡心，且曹錕認為他公私界限分得清楚，不至於把曹家的錢裝到他私人荷包裡去，所以後來在顧維鈞、顏惠慶相繼組閣時，王克敏仍然是蟬聯的。

在孫內閣時，曾與王暗鬪，是因金法郎案和德發債票案而起。後來勉強合作，辦結德發債票一案不久，孫因難於忍受，便提出辭呈，曹即予批准，以顧維鈞繼之。王之為曹所信任，於此可見一斑。

王氏家本富有，自在財政銀行圈子立足後，便盡情揮霍交遊，權傾一時。直系失敗後，政府下令通緝，乃獻媚於日本，以圖自圉。

民國二十二年夏天，筆者到上海去，遇見浙江興業銀行徐新六總經理，聽說王氏已經帶著家眷來上海，租了一所狹小的房子閒居著，境況很悽涼。我覺得他平素在私人生活上，未免過分揮霍無度，到這時竟至於窮困萬狀，其情固然可憫，卻也是咎由自取。

民國廿三、四年間，華北局勢惡化，王氏以土肥原力保，得充任冀察政務委員。七七抗戰，遂組織偽臨時政府，甘願為日人傀儡。八年間，因中年狂嫖斲喪，瞳孔畏光，出入經常戴墨色眼鏡，故人詈之曰王瞎子。勝利後被捕，瘐死獄中。一生荒佚，終落得如此下場。

曹汝霖（一八七七－一九六六）

曹汝霖總長字潤田，早年留學日本，在清朝末年已經顯達了。民國初年辦理外交和財政，迎合上意，足智多謀，但態度平易近人，很有修養。曹汝霖與王克敏雖然和日本都有一段淵源，但他們的性情和修養，卻大不相同。

民國七年三月，段祺瑞組閣，曹汝霖以交通總長兼任財政總長，吳鼎昌（字達銓）任財政次長，李思浩仍舊聯任財政次長兼鹽務署長。菸酒署長改派胡汝麟充任，中國銀行總裁改派馮耿光充任，王君宜（世澄）充任錢幣司長，李光啟充任庫藏司長。

先是，民國五年五月國務院令飭「中國交通兩銀行停止兌現」，當時上海和長江流域以南一帶地方都沒有遵行，只有北京和北京附近各地遵令辦理。到了七年三月，京鈔的價格跌得更慘，低至五六折，金融呆滯，人民生計暗受壓迫。曹總長就呈請發行短期公債四千八百萬元，和七年長期公債四千五百萬元，特設公債局，來整頓這個停兌的京鈔，派我充任坐辦，主持局務。他和公債司盧潤泉（學溥）司長商量，本著政府所定的京鈔百元調換長短期公債各五十元的政策，一面調用部裡職員和中國交通兩銀行的人員參加合作，使利接洽，對於局務盡量公開，來洽調輿情。這項工作，前後分做兩個時期進行：

第一個時期——從七年五月一日到六月二十九日為止，即債票統由兩行發行的時期。七年四月財政部呈准總統歸公債局發行了七年短期公債四千八百萬元，和七年六釐公債四千五百萬元，核定全數發交兩行由其自行經募，兩行就是經售債票的機關，公債局只負責印票發票轉帳和記帳的責任。在這個時期裡，中國銀行賣出了長短期債票二千四百八十一萬九千六百六十元，交通銀行賣出了長短期債票一千九百五十萬零二百四十元，合計四千四百三十一萬九千九百元，所收回的京鈔歸還兩行部欠，一筆筆的由部局轉了賬。這事在奉令銷燬京鈔之前，沒有規定要辦截角銷燬之手續。

第二個時期——從七年十月十二日起到八年十月四日停止出賣公債票的一天為止，即債票由局發行的時期。七年十月四日部令把所存兩行七年公債票，提回由局發售，案經國務會議議決，並訂定售票的辦法八條，因此，公債局的職務是經售債票，撥還部欠，和切銷京鈔。

（一）經售債票　從七年十月份起到八年十月份為止，計售出中國銀行所存長短期債票一千七百四十八萬七千七百四十元，收回中國銀行同等數額的京鈔。售出交通銀行所存長短期債票八百八十四萬二千三百元，收回交通銀行同等數額的京鈔。每天交給兩行駐局的承辦人員每天帶回去歸還部欠。

（二）撥還部欠　從七年十月份起到八年十月份為止，計撥還了中國銀行部欠京鈔一千七百四十八萬七千七百四十元，交通銀行部欠京鈔八百八十四萬二千三百元，總計二千六百三十三萬零四十元，都是把每天收回來的兩行的京鈔抵還的。

（三）切銷京鈔　從七年十一月份起到八年十一月份為止，把收回的京鈔先後分二十一批切銷，一共切銷了中國銀行京鈔一千五百九十七萬七千二百四十元，交通銀行京鈔七百三十一萬三千四百四十元，合計二千三百二十九萬六百八十元，銷燬的時候，每次都請總商會和審計院派員監視會同辦理的。

曹總長這次發行新公債整理停兌的京鈔辦法，直接使京鈔有容納迴旋的餘地，市價不至再落。持票掉換公債，還可以儲藏生息，間接使中國、交通兩行減少大量發行鈔票，又從政府收回了鉅額的舊債，獲得了財政上的噓枯回生。北方金融也靠著它來穩定，人民也得到了很多的利益。

那時督辦參戰事務處成立，段祺瑞總理想擴充軍隊，準備參戰，日本當局認為利用一部分的經濟壓力便可迫使中國當政者就範，遂派西原龜三常駐北京，和曹汝霖、王克敏、林康侯等往來，因此陸軍部就先後和日本締結了參戰借款，兩次參戰軍械借款，共計日金六千餘萬元，財政部會同交通部和日本先後簽訂了吉會鐵路墊款、滿蒙四鐵路墊款和濟順高徐鐵路墊款計日金五千萬元，又會同農商部和日本簽訂了吉黑兩省金鑛和森林借款計日金三千萬元，交通部再把全國有線電報做擔保向日本借款日金二千萬元，一般人稱之為西原借款。此外還有其他的借款，和借款本息到期未償改做新的借款，全部總數大約三萬萬日元。日本當局的用意，一方面扶植段祺瑞的軍力，使他政權穩定，另一方面建築滿蒙四鐵路、吉會鐵路和濟順高徐鐵路，將來鐵路所到的地方，也就是日本勢力擴張的區域，來貫徹他們蠶食中國的政策。所以在很短的時期，訂立了這許多借款的合約。這一批借款大家稱它為西原借款。八年一月，曹氏辭去了財政總長，但當時全國的知識青年洞悉日本這種經濟侵略的行為，對曹氏很是不滿，認為親日損失國權，一時滿懷著憤怒，起來反對，終於釀成了五四運動。

民國以來，曹氏歷任外交、交通、財政等總長。後來脫離交通系，與陸宗輿、章宗祥等共組新交通系，且被奉為黨魁。可惜他為了鞏固在國內的地位，便一味媚日，討好東隣。雖然也曾煊赫一時，終因群情憤嫉，不得不銷聲匿跡，脫離政海。

張弧（一八七五—一九三七）

張弧字岱杉，清末時曾在東三省鹽運使署充任科長，為熊希齡所賞識。民國元年熊希齡做了財政總長，就調他到部裡來辦理鹽務。周自齊繼任財政總長時，以他充任財政次長兼鹽務署長，後來在周學熙長財政部時，被參了一本才離職。他恃才善變，而且有梁士詒做他的靠山。

自民國九年七月直皖之戰皖系失敗後，北京政府遂由直、奉兩系所控制。張作霖對直系的大將吳佩孚，素來輕視，及民國十年吳氏擊敗湘軍擁有湖北後，地盤大增，張氏憤妒更甚。直、奉兩系，已是箭在弦上。靳內閣立於兩大之間，雙方皆不能討好，只有辭職。

民國十年十二月二十四日，「五路財神」梁士詒在奉張的支持下組閣，以張弧為財政總長。奉張原想藉梁在政治經濟上以制吳，而張總長又是接近奉系的人物，他發行九六公債，以關稅剩餘基金作擔保，發行九千六百萬元公債，以其大部供給奉張，以其餘分配直系，直系於是大怒。吳佩孚電徐世昌，請將張弧交付法庭，以謝天下。更發表通電反對梁內閣，奉張則為梁聲援，大舉派兵入關，所謂第一次直奉戰爭，終於在十一年四月爆發。

張弧在雙方劍拔弩張的時候，欲想有所作為，自然是很難的，何況他自己還是偏袒奉系的呢。他所發行的償還內外短期八釐公債，額定九千六百萬元，自從呈准大總統後，便和鹽餘借款團磋商發行債券的辦法，經過幾天，事遂決定。十一年一月二十六日，張總長和各銀行銀號簽訂合同，發行公債九千六百萬元，期限七年，利息八釐，債券價格照三四年公債成例八四折發行，所有債券全數充作償還短期內外債務，規定不得移作別用；同時張總長發表發行公債理由書，大意說：

「目下整理財政，莫急於騰出鹽餘，以供要需，而欲騰出鹽餘，必須清償以鹽餘作抵之借款，近與財政金融各界討論結果，決議發行公債九千六百萬元，專為清償鹽餘借款之用，並指定以此次華府會議決議六個月後關稅切實值百抽五增加之款為償還，其在關稅未增收以前，仍暫以鹽餘作抵，其利益在易短期為長期，改重利為輕利，政府負擔大為減少。」

到二日十五日，財政部又把鹽餘抵押的內外短期公債，全部公佈，數額超過一萬萬元，比他理由書所說的又增加很多，當時原意是表示財政公開，誰知道各方面看到債務的複雜，更加增加了疑惑，因此大家攻擊發行九六公債的不當，並且說這種債務不應當償還。各銀行銀號看到公債發行的遙遙無期，要求政府歸還原約，償還現金，當局窘迫得想不出辦法，就在二月十七日呈請大總統另外設立一個償還內外短期公債審查委員會，由審計院檢察廳和銀行界重要分子合組，推董康擔任委員長。審查結果，發現很多的弊竇，案子發生了，張總長到三月七日看看風聲不好，就一走了之。

及至張作霖兵敗東去，北方政權全操在直系手中。在五月五日徐世昌發表的通緝令中，除了梁士詒和葉恭綽以外，張弧總長也名列其中。

民國十二年八月間，北政府攝閣閣員只剩下了三數人，財政尤無辦法，各部署積欠薪費，少者數月，多者經年，駐外使領費，亦延欠多時，無法應付。財政總長向來為閣員中之優缺，這時反倒無人敢出而擔任了。北京政局，幾乎成了瓦解之勢。直系不得已，又於十六日發表前所詆罵不遺餘力的張弧為財政總長，吳佩孚且親自電促就職，曾幾何時，榮辱迴異，真是一大怪事。

董康（一八六七－一九四七）

董康總長的性格和經歷與張弧總長完全不同。董康字綬經，久在司法界做事，曾經充任法律編查會的副會長，兼署大理院院長，後任修訂法律館總裁和司法總長。博聞強記，岸然道貌，和吳佩孚很接近。張總長是為了九六公債的發行發生弊端給參走了的，董總長卻是因為清查上面那個舞弊案子接長了財政部，所謂事有巧合，這也可以說是運會促成的。

民國十一年四月八日，周自齊繼梁士詒組閣，董康接任了財政總長，他是梁士詒內閣的司法總長，臨時兼任了償還內外短期公債審查委員會委員長。九六公債發行的樞紐，握在審查會手裡，當時因為大參案發生，一般人以為九六公債已經沒有希望發行了，想不到董總長卻一再聲明查賬和發行是兩回事，不能夠混為一談，所以他的審查，到四月下旬完結，財政部根據審查結果，剔除了三、四項債務，其餘的卻認為是合法的，應該由九六公債償還，但是債多券少，不夠分配，於是先照截至民國十一年一月底為止的債額所計的百分之六十三，用公債來償還，這百分之六十三公債券再照八四折合，各債權人所得到的只有百分之五十三弱，換句話說，每一百元的債權，只得到五十二元九角二分，當時大家都說大參案和審查會是董總長的政治資本，他是因為這個機會坐上財政總長寶座的，這話未免說得太刻薄了些。

同年六月十一日，顏惠慶組閣，董康仍舊連任，前財政部所定債權百元折合九六公債五十三元的辦法，銀行團雖然大都拒絕接受，但也有些接受的，況且債券早已印好了，董總長自然要把它流通到市面上去，而且還靠著這債券來籌措應付一個時期的軍政費哩。

龔心湛（一八七一－一九四三）

民初財界人物，以才識魄力而論，當推熊（希齡）、李（思浩），因為他二人對財政有計劃有表現。此外以財政總長而兼內閣總理，以地位論當不弱於熊、李，所惜因無具體政策，以致未能並稱者，要算合肥龔心湛了。

龔心湛，字仙舟，安徽合肥縣人，前清監生，留學英國，秉性敦厚，為人和易，在清季業已顯達。民國元年九月，周學熙擔任財政總長，派龔心湛充武昌造幣廠廠長，成績優異。到了民國四年四月，周學熙再次擔任了財政總長，那時的政潮，發生了皖系和交通系的暗鬪。周總長在五路參案之時，因為財政次長兼鹽務署長張弧阻撓鹽政，傾向於梁士詒。周就參了張一本，把張發往四川，因是龔仙舟奉令繼任財政次長兼鹽務署長。

民國七年八月，馮國璋辭職下野，安福系國會於九月四日制定選舉令，從事選舉，安福系商得段祺瑞的同意，找個象徵式的人物，實權仍歸段氏，揀來揀去，便把徐世昌捧出來，以錢能訓為國務總理。那時，龔心湛本是安徽省長，就在這年的十二月二十一日奉令為財政總長。龔總長與徐世昌有雅誼，與段祺瑞是同鄉，按步就班，辦事井然有條，但氣量則頗為狹小，就開源來講：管理敵國人民財產條例，早經公布，龔總長乃把德、奧人民財產，陸續變賣，得了收價，統交國庫，以應急需。就節流來講：國務院以南北和會各代表，已經到滬開議，通電各省收束軍隊。龔總長呈准凡屬京內外軍政各費，一律暫照八折支給。同時和內政農商兩部恢復漕運局舊制，便利民食。後來，頒布了民國八年公債條例，債額是兩萬萬元，首先暫時發行五千萬元，作個周轉，在他任期以內大局總還算安定。

談到龔氏對鹽政和幣制，一方面財政部鹽務署與日本駐濟南領事簽立山東鐵路運鹽及取締協定；訂明山東鐵路沿線之日本居民所消耗的精白鹽，以日本居民的人口為標準，由濟南日本領事發給護照，並送交山東鹽務官署加蓋印章為憑。一方面財政部幣制局規定統一銀幣先從大銀元統一入手，天津總廠和湖北江南分廠每月每廠各鑄三百萬元，專事改善舊幣換發新幣以求逐漸統一。

民國八年巴黎和會開幕時，正值錢能訓擔任閣揆，五月四月，北京大學等十三校學生代表在天安門示威遊行，火燒曹汝霖宅，毆打章宗祥，引起大風潮。總統徐世昌深恐事體擴大，才將曹、章、陸一律免職，同時錢能訓並請聯帶去職，改以財政總長龔心湛暫兼代理國務總理。那時，龔氏對於外交，因駐京各公使要求賠償旅華僑民為內亂所受損失，經令外交部允予會同調查，惟應賠償者，以直接損失為限。對於財政，因國庫周轉起見，准財政部發行一千萬元的定期有利國庫券，分一元五元兩種，月息六厘，六個月後，向中、交兩行兌現。並因北方缺乏糧米，令飭財政、內務、農商三部設立漕運局，轉輸蕪湖等處米糧，接濟京津民食。

龔氏自接任財政部和兼代閣揆，到民國八年九月卸事，外而巴黎和會開議，內而南北和會開議，和平氣氛，籠罩著大千世界，在這短短的十個月內，雖有學潮等事故發生，大局總算是平靜地渡過了。龔氏卸任後，就往天津作寓公，隨著周學熙總長興辦實業。周所創辦的實業，計有啟新洋灰、開灤煤鑛、華新紡織、耀華玻璃、興華棉業等等。到了民國二十五年秋，我還接著龔氏的電報，獲悉他已是啟新洋灰公司的主持人了。

潘復（一八八三—一九六一）

潘復字馨航，山東濟寧人，父名守廉，光緒己丑進士，服官河南，歷任縣缺。潘少年貌甚俊秀，頗具文才，科舉停後，以捐納府銜分發江蘇候補，秦淮河畔，韻事流傳不少。因其父與江蘇布政使陸鍾琦同年，入陸幕中，頗為陸所器重。後來，陸擢升山西巡撫，潘也隨往，接事未久，民軍起義，陸夫婦子媳同時被難。潘復經此事變，遄回濟寧，和靳雲鵬合資創辦魯豐麵粉公司。

民國八年間，徐世昌總統因聯絡段祺瑞，以靳雲鵬為段的得意門生，十一月令靳組閣，財政總長是李思浩，藩復和張志潭為靳的左右手，潘由此得任財政次長，這是他發軔之始。自接任以後，為靳總理聯絡各派，每夜在私寓中，大開筵宴，招妓侑酒，王琦等在門下幫同照料，更有小政客拉攏，真是門庭若市。

安福系失敗後，靳第二次組閣，周自齊繼長財政，潘以次長兼充鹽務署長，在常人身處其境，很是滿意，但是潘猶覺未遂其志。張志潭素有智囊之稱，寫作能手，做事亦穩練，其作風與潘相反，潘遂疑張在暗中排擠他。

靳第三次組閣，李士偉為財政總長，惟李因故不肯就職，遂令潘復以財政次長代理部務。潘以李既不就職，他應真除，久無消息，未免抑鬱，銀行界和同僚對他情感亦屬平常，故終徐總統之任，潘始終未能一償真除部長之願。

靳閣倒後，潘復移居天津，酒色徵逐如故，各派政客，群集其門，潘竭力聯絡。到了奉軍入關，張宗昌晉京，才發表他為河道督辦。那時林白水在京創辦《社會日報》，在其自己寫的社論中，作隱刺揭微的描寫，詆毀時流。可是白水染有大烟癮，境況極貧，凡要人登臺，都要送他一筆款子。潘復在財政部時候，對白水不無河潤，此次擔任河道督辦，白水去函索五千金，潘置之不理，白水發表社論，指潘為「尿道督辦」很是褻謾。正值張宗昌以直魯聯軍總司令入京，王琦榮任憲兵司令，潘與張本是同鄉，王曾為他下屬，正在內心怏怏不樂，直訴於張、王二人。王琦遂奉張宗昌令，將白水抓到天橋憲兵分隊致以死命。事後，潘復對人說：「我意只想把白水抓來坐幾天監牢，使他大煙癮發作，受著涕淚橫流的痛苦，那知弄到如此，使我良心不安。」

孫傳芳兵敗到京，投奔奉系擁張作霖出任大元帥，潘復因係孫、張合力之薦，突然做了國務總理，官雖高而聲望不夠，不久就下臺了。後來有人說：「潘復是個官迷人物，也是個紈袴政客，因其父親有行善積德，得以免禍。」潘復最後因患病，而逝于西山。

劉恩源（一八七三—？）

在羅文榦總長被捕以後，經過汪大燮、主正廷的短期代閣，於民國十二年一月四月，由直系張紹曾組閣。張字敬輿，係保定軍官學校畢業，日本陸軍士官學校第一期砲兵科出身，與蔣雁行、吳祿貞、王廷楨等為同期同學。清末歸國，宣統三年任第二十鎮統制（師長）。張氏此次組閣，並兼陸軍總長，鬧過不少笑話，有「三無主義」（即所謂無外交、無教育、無法律）內閣之稱。河間劉恩源便是這個內閣的財政總長。

劉恩源字文泉，河北河間縣人，早年在天津武備學堂肄業，又去德國留學。學成歸國後，並未大展其抱負，歷任貴胄學堂監督、陸軍部一等諮議官、陸軍部參事、總統府軍事顧問等職。在其任顧問時，因與曹錕經常在一起研討軍政，過從至密，甚獲曹氏寵信，遂派任浦口商埠事宜督辦。及張紹曾組閣，特擢為財政總長，以軍旅出身，來筦度支大權。

張紹曾上臺後，起初標榜和平統一，後來受吳佩孚的影響，又採取壓迫南方的態度。因為吳佩孚在直系的勢力，如日中天，一心一意要實行其武力統一的迷夢，當時軍隊中流行著一句口號，就是有多少錢便打多少錢的仗，因此，各方索餉的電報，紛至沓來。劉總長因為窮於應付，乃聽從印刷局長的建議，加印了價值三十五萬元的印花稅票五百萬張，向上海大同公司和大中銀行抵押借款十三萬元，引起輿論界的一致攻擊，認為違法。劉總長不得已，把印刷局長免了職，這場印花稅風潮才算平息。計劉總長在任只八個月，終因銀行團借款無著，支配軍政費用困難，不得不自動請辭。

在劉總長任期內，還有一段祕辛，在當時也曾引起過一陣不算太小的風波。即劉酷愛平劇，頗賞識名票蔣君稼，因蔣學識尚可，劉想予以提拔，乃呈請派蔣為僉事。僉事的位置不低，按照當時的成規，必須以勞績遞升，非服官十年，不能獲補此缺。財部同人遂大為不滿，揭諸報端，蔣因此不敢到部，坐領乾薪，以息紛紜。當時以閣內大員之尊而捧票友者，尚有內務總長高凌霨捧言菊朋，司法總長程克捧朱琴心，交通總長吳毓麟捧尚小雲，蔚為一時風尚，不讓劉總長專美於前，這也是民國以來歷任閣員所少有之事。

張鎮芳（一八六三—一九三三）

在歷任財政總長中，任期最短的要算張鎮芳。張字馨庵，河南項城人，是袁世凱的老表親，前清舉人、進士。曾任北洋銀元局會辦、陸軍糧餉局總辦、行營營務所總辦、清理財政局總辦、禁煙局總辦、財政總匯處幫總辦等職務。民國元年三月，袁派張任河南都督，以「剿匪不力」被撤職。但在帝制運動中，擔任大典籌備委員，卻出了不少力。及袁世凱卒，遂隱居不出。

民國六年，張勳復辟時，由李經羲（仲仙）組閣，閣命至為短促。當年平津社會間，戲稱之為「戈什哈內閣」。「戈什哈」是滿語侍從之意。因李內閣之任命，是由張勳所提出，而李又為隨張入京奔走之人，其行徑出處，大似張之高級副官，故謔者嘲其所組之閣為「戈什哈內閣」。張勳復辟後，恢復宣統三年的官制，財政總長改為度支部尚書。張鎮芳也是參加復辟的一份子，他由鹽業銀行董事長躍登內閣議政大臣及戈什哈內閣度支部尚書的寶座。可是好景不長，只有短短十二天的時間，復辟失敗了，他的官也丟了。七月九月，他與雷震春、馮德麟因復辟關係被捕，以「違背共和」罪名交付法庭訊辦，乃入獄，不久即獲釋放，過其隱居生活了。因此，連鹽業銀行董事長的頭銜也無法再保持下去。

高凌霨（一八七〇－一九四〇）

高凌霨字澤畬，天津人，係遜清舉人。張之洞任兩湖總督時，派充湖北武備學堂監督。光緒三十四年，復充湖南提學使。宣統二年，任湖南布政使。民國二年八月，財政總長熊希齡保舉為直隸財政廳廳長，九月，又兼任直隸徵稅調查處處長。當時曹錕以第四師師長駐在保定，時相過從，乃獲親信。徐世昌當國時，乃擢為財政總長。曹錕繼徐當國，高調充內務總長。迨孫寶琦以開罪曹之佞臣李彥青掛冠而去，高便以內務總長兼攝國務總理，成了直系的重要腳色，直至馮玉祥「首都革命」時始去職。高氏以善權變著稱，先後兩次擔任財政總長，但時間都不長，每次僅月餘，所以在財政方面是說不上有什麼成就的。

汪大燮（一八六〇—一九二九）

汪大燮字伯棠，浙江杭縣人，舉人出，與孫寶琦（慕韓）、錢能訓（幹臣）同為當時浙人旅居舊京遜清之遺臣，民國之顯宦。汪在宣統二年，已任郵傳部左侍郎，旋於五月間出任駐日本公使，直至民國二年始內調歸國，由陸宗輿接充。在袁世凱主政期間，歷任外交、交通、教育各部總長等要職。因其學識恢閎，處事和易，持己清廉，為各方所推重。迨徐世昌當選，於民國十一年十一月二十九日，特任汪繼王寵惠署國務總理，並兼署財政總長。汪雖於外交、教育等方面多有建樹，獨於財政方面竟無從展布，終於在軍閥逼索之下辭職。其所署國務總理之職，亦為時甚暫，在同年十二月十一日，改由王正廷兼代。

張英華（一八八六－？）

張英華字月笙，河北衡水縣人，光緒二十七年在北洋大學畢業後，即赴英留學。學成歸國後，成為民初之新進人才。唐紹儀組閣，邀熊希齡任財政總長，任張英華為財政次長。及熊辭職，張亦罷官，一度出任菸酒事務署督辦。直到民國十一年高凌霨組閣時，始任之為財政總長。張總長在當時是屬於直系而接近吳佩孚，但他很圓滑，與各派系均有周旋。

李士偉（一八八三——一九二七）

李士偉字伯芝，河北永平縣人，為清朝大學士孫家鼐的孫女婿，以直隸官費留學日本，在早稻田大學政治經濟科畢業。當龔心湛任財政總長時，曾約李及馮耿光等創辦中國實業銀行。民國十年五月十四日，靳雲鵬第三次組閣，原任財政總長周自齊去職，以李士偉為財政總長。這時皖系既敗，靳以聯結奉直兩系而為內閣總理，周旋於兩大之間，惟恐失歡。吳佩孚以戰勝餘威，日向中央政府索款，財政之竭蹶，無以復加。李總長為新交通系中之重要人物，清廉不苟，甚為難能可貴，但被視為親日派，遭人反對，所以迄未到任，自始即由次長潘復代理部務，到十月間即正式免職，以直系高凌霨繼任。民國十六年一月，病逝上海，享年五十歲。

賀德霖（生卒不詳）

賀德霖字得霖，寧波縣人，畢業於日本東京帝國大學。民初返國，與皖系李思浩通鄉誼，思想敏捷，手腕靈巧，頗為李所賞識。民國十二年八月十六日，張弧在直系的敦促下出任財政總長，挽賀為次長，脫離皖系，轉為直系盡力。十一月間，與張總長共同辭職。民國十四年，任馮玉祥之財政顧問，經常往來北京、張家口間，為馮獻策。十五年三月四日，賈德耀因與奉張有誼，出而組閣，賀以國民軍系身分入閣為財政總長。迨國民軍失敗，退出北京，乃避入東交民巷使館。

其他

在民初二十餘位財政總長中，除了以上所述建樹較多，在位較久，或在財政界較知名的二十二位之外，還有趙秉鈞、孫寶琦、王正廷等三位。趙秉鈞字智庵，出身微末，清末以在竟世凱下辦警政聞名，是刺殺宋教仁案的主持人。孫寶琦字慕韓，與汪大燮同為遜清遺老，民初在舊京仍為人所尊重的人物。王正廷字儒堂，是外交界知名之士。以上三人均因與財政關係較淺，在此不一一詳述。

尾語

中國的政治，特別是民國初年的政治，十九都是人事、經費和地盤的問題，多年的內戰，幾乎都沒有超過這個範圍。我們由民初財政總長更迭之頻繁，可以知道當時政治是多麼不穩定。由於政治不上軌道，連年用兵，財政問題便益形困難。在這二十餘位總長中，論才識，論魄力，論操守，的確有些不錯的；他們也有些是有計劃、有政策、有抱負的。但我們知道，財政總長之更易，恒視派系之得勢為轉移，這種政治上的牽制，使得他們的努力，並沒有收到預期的效果。筆者廁身財界，當年與諸公或有私交，或有公務上的往來，或眼見其上任下野，追憶此一幕一幕的往事，實不勝感慨系之！

附錄一：兼長交通財政兩部的回憶

曹汝霖

黃陂辭總統職下野之時，曾發表段祺瑞為國務總理，故合肥入京即行組閣就職，並促南京馮副總統（國璋時為江蘇督軍）來京攝行大總統事。當合肥入京之日，群眾歡迎，萬人空巷，不減當年項城進京之盛況。第一條命令即加入協約國對德奧宣戰，惜歐戰已迫尾聲矣。

此次組閣名單已在天津擬定，外交汪大燮，財政梁啟超，陸軍王士珍，海軍劉冠雄，教育范源廉，農商張國淦，司法林長民，余長交通，內務何人忘了。合肥電余到王宅，徵余同意，且出示名單。余因與汪伯唐（大燮）先生同入內閣，想起汪氏曾對我有忠告之言。汪任留學生監督時，余常去請益，後在北京，我仍以前輩相待，時去請教。他曾說北京是一大染缸，入其中者，無不染色，我不是說要你同流合污，亦得要適應環境。前清御史，自命清流，現在新聞記者，亦有好有壞。我看你入京以來，沒有奧援，憑自己刻實從公，不事逢迎，為當局看重，故能青雲直上。所缺者與若輩少事敷衍，太相隔膜，易生誤會，反阻礙你前途，望注意及之。那時在清季，余雖是其言，悔不注意。

我看了名單即對合肥說，以已就交通銀行總理，恐不能兼顧為辭。合肥亦無可無不可，但說我一時沒有相當的人。豈知譽虎（葉恭綽）、振采（任鳳苞）聞訊來訪，詢問何以辭長交通？余告以恐不能兼顧。譽虎即說，有振采為助，君可放心，兼攝何妨？余云已向總理面辭矣。振采說，聞總理尚沒有物色相當的人。譽虎接說，倘總理物色不到相當之人，再找公，公幸勿再辭！余本無成見，遂唯唯而去。越日合肥果又找我說交通一席，我沒有適當的人，還請你偏勞。我想譽虎他們，必已通過線索，只得應允。時民國六年七月，為我正式入閣之始。

後有知友告我，君真好人，易受人利用，君知交通部與交通銀行，都是交通系的大本營嗎？部比行更重，此次他們首領被議，譽虎自知資望不夠，又恐他人來長部，破壞他們的基礎，知君易與，故陽為擁戴，實則為他們看守大本營而已。我想此亦不為無因，但已允合肥，只好就職，這顯得我之平凡。次長自非譽虎莫屬，余與譽虎，本不相識，民初項城設祕書廳，始見一人身矮而小，類如侏儒，不與人招呼，忽進忽出，狀似很忙，詢知為鼎鼎大名的葉恭綽，為梁士詒的紅人，遂不敢小覷他。這次對我，總算客氣，還留兩司一局由我派人。四司司長，他先派定鐵路電政兩司，承他以郵政航政兩司，留給我派。鐵路局，只留了京綏路一局。余遂派到劉蓋臣（符誠）為郵政司司長（劉留法），胡伯平（礽泰，留日）為航政司司長，丁問槎（士源，留英）為京綏局長。問槎就職後，即呈請該路收入款項，只報部數目，款留為展長路線之用。我信他清廉認真，不會言不顧行，故即批准。葉次長甚不滿意，以為破壞部章，我說且觀其後，只要實行展路，於部章亦無違背。後果在兩年間，將餘款展長路線，自綏遠展長到平地泉以北，雖是平原，亦華里千里以上，沒有請過部款，亦沒有借過外債，成績獨優。又購飛機四架，卡車兩輛，以為修路運貨之用。豈知皖直之戰，徵為軍用，因之得禍。

部中祕書本隨總長為進退，余以原任祕書留任兩人，祗派兩人，一為我的連襟衛心微，本是留學英國習造船者，余用他為是通英文。又一人則我業律師時的事務員，供譯密電及保管密件抄寫而已。後下部令，派劉夢飛為京奉路局副局長，夢飛留學比國習土木工程兼習礦務，時充京漢路工程師，工程師升副局長亦是順理成章。但他是我的女婿，部令尚未發表，北京新聞報即開我玩笑，說是貴族主義，用人維親等等的話，知是讐虎攪的把戲。因京奉鐵路為主要之路，人事購料等事不願有他系外人加入，多一耳目。本應不必客氣，過事謙讓，因劉是我女婿，人亦老實，我以多一事不如少一事，遂將部令撤回，不令發表，讐虎正中下懷，亦不攔阻。於此可知交通系與鐵路關係之密切，而次長對總長的態度亦可想而知矣。

自蔡松坡（鍔）起兵倒袁之後，西南情形，大為變動，陸榮廷標榜自治於廣西，唐繼堯公然反對政府，孫中山先生且樹護法之旗號。合肥以帝制取消，復辟討平，不應再藉口南北分立，妨害統一。但謀統一非用武力不可，用武力必須籌備軍費。其時梁任公辭財長，由王叔魯（克敏）繼任，不久王亦辭職，合肥約我於私邸懇談，並告我將用兵於西南，以謀統一。財政一席，大家不敢擔任，我相信你肯負責任，且有此勇氣。並聽說你與交通銀行借款頗為順利，故此席只好請你偏勞，此為國家，不應畏難，望你與我一同負此重任。我聽了他懇切之談，且西原龜三尚在天津，始允姑且試試，如不稱職只好請辭，請總理原諒。他說你肯兼攝，好極了，翌日即發表兼攝財政總長命令。我請總理約重要督軍先一同計議，這次用兵，需要若干軍費。合肥允了，遂約曹仲珊，張懷芝，倪丹忱，陳秀峰等到私邸吃午飯，余與又錚陪坐。飯後，他們共同計議，余只旁聽，不發一言，亦不表示意見。結果，他們說這次用兵，總須預備一年，且須添置裝備，故從寬約計，須要二千五百萬元。余說，現在財部，庫空如洗，如此巨款，商借亦無把握，只好試試看，不敢說定。我又說，倘能借得巨款，軍費既由我負責，我必盡力籌措，以期不負總理及諸公之望。軍事方面，是諸公之責。他們都說只要有了軍餉，軍事方面，請總長放心，我們自當負責進行等語而散，時馮國璋代行總統。

合肥提到交通銀行借款，是日本西原經手的，故先將西原來歷作一簡介。當合肥復辟之役告成以後，由坂西利八郎顧問介紹西原龜三來見，說是奉日本寺內正毅總理大臣密命來華，改善大隈內閣對華政策之錯誤，以期兩國提携親善。貴國目下急務莫如財政，日本現在國力充實，可能為貴國幫忙，如有所需，幸賜教願為盡力。坂西亦在旁吹噓，謂寺內在朝鮮總督任內，關於經濟問題，都由西原君幕後策畫。余因初次見面，不明底細，適接任交通銀行總理，該行資金薄弱，由施省之董事，向大倉商借日款，久無成議，遂請西原商借日金五百萬圓，西原允電東京。不久即得大藏大臣勝田主計氏親電，允借日金五百萬圓，並無抵押品，且匯款迅速。余遂信西原是有來歷的，此余與西原商借日款之開始也。此次兼長財政，需款孔亟，財庫空虛，歐戰方殷，舍日本外無從商量，遂約西原來談，商借日金三千萬圓。時日円與銀元匯率，日金一圓只合銀元八角有零，故三千萬日円，適合二千五百萬元銀元之數。後由日本興業銀行總裁某君（忘其名）來北京商議；如數允借，以有線電報為名義之擔保。並說這次借款由興業、臺灣、朝鮮三銀行墊借，不在市上招募，可省手續費，且十足交款，不折不扣，載明在合同。擔保品只為銀行章程應有之事，照例填寫，決不干預。余約興業總裁在寓宴會，並叫中國條子。日本宴客，非有藝妓不歡，故亦召歌妓侑酒，並約坂西閏生譽虎作陪。宴前先將借款合同雙方簽字，譽虎以此款既以電線擔保，請撥日円五百萬為修理海線之用，余亦照允。

余到財政部後，即令庫藏司長李祖恩將每月政費收支，作一約計。政費共有八項，一、各部院經費，二、國會經費，三、近畿駐軍餉，四、警察保安隊月餉，五、出使經費，六、國立學校經費，

七、清室優待費，八、軍用預備費（調動開支等類），每月約須二千萬元。收入只有關餘（海關稅除付賠款外債所餘之款）、鹽餘（同上）、烟酒稅、印花稅、所得稅約計一千二百萬元。地方統稅，本應解中央，各督軍藉口作為中央駐在各省軍費之用，截留不解。故收支相抵，月虧約八百萬元，現在都是東借西挪，零星湊用。以中國之大，即以中央政費而論，月不過二千萬元，可謂微乎其微。但連此數尚無著落，若不整頓，何以為國，只靠借款，豈是辦法？但此非旦夕能成，目下急需軍政費，只好出之借貸。

當三千萬日金借款成立之時，為匯兌方便起見，設立匯業銀行，資金一千萬元，先收半數，中日合辦（此事後詳）。

借款方面，已順利進行，而軍事方面，因馮段意見相歧，遂生波折。馮華甫（國璋）因代理總統，討伐令須由馮宣布。馮本為直系領袖，秀才出身，故通文墨。惟人有陰謀權術，帝制時陽奉陰違，松坡在滇興師，全靠唐蓂賡（繼堯）之助，而唐蓂賡若不得馮之暗示，不致公然通電反對，西南各省亦不致響應。後帝制取消，西南各省又要求項城退位，馮斡旋其間，遂與西南互通聲氣，甚至與陸榮廷已有維持現狀之默契，而段不知，馮亦不便明言，南北分裂，即由此而起。此次合肥用武力統一南北，自非河間所願，故不肯下討伐令。合肥以無中央討伐令，師出無名，彼此齮齕，相持不下。馮於北洋直系，隱然執牛耳，合肥不能輕視。馮又暗使長江三督（江蘇李純，江西陳光遠，湖北王占元，馮曾兼任三省巡閱使）通電反對。蓋自項城逝世以後，已有尾大不掉之勢矣。合肥遂令又錚運動曹錕，許以選舉副總統。曹果為所動，遂與張懷芝祕密赴津，與督軍團商定（其時督軍團尚留天津），照合肥用兵計畫，以湖南為中心，分兩路出兵，第一路曹錕率領，由京漢路南下進攻湘北，第二路由張懷芝率由津浦路南下進攻湘東，議決案由曹錕領銜，請馮代總統下討伐令。馮不便拒，但不發明令，只發電令，照議決案施行。曹仲珊率師南下，進行順利。張懷芝時任山東督軍，只派施從濱率魯軍暫編第二師南下，剛到湖南攸縣醴陵，即遇南軍作遭遇戰，因暫編魯軍第二師，戰力薄弱，一戰即潰，張懷芝電請政府發收容費。張在北洋資格雖老，然不學無術，脾氣粗魯，人稱他為張三毛，因他容易動火也。我在國務會議時，正色聲言，發了開拔費；不久又要收容費，這種軍隊收容了有何用處？出師不到半年，已用了不少軍費，這樣下去，我實無能為力，請總理另簡賢能，言時不免聲色俱厲，合肥聽了亦覺難受，遂下座到我席次立談（國務會議交通總長席次最後）。余請合肥回總理座，他說，懷芝也太難了，自己不親率師南下，暫編的師那有戰力，宜其一戰即潰。初次出兵不利，大有影響，但兵敗不收容，貽害地方，亦不是辦法。又忿然說，我不是袒張懷芝，這次亦不能獨責張懷芝一人。我聽他語中有因，遂不堅執，只說總理既如此說，容我回部再商奉復。張懷芝竟對人說，這次財政部如不發收容費，我即以手鎗對付他（指我）。

後合肥約我到他私邸，他說，這次華甫與我作對，反對武力統一，處處掣肘，你總亦有所聞，故調度出兵，只好遷就他們，以期貫徹我的政策。張懷芝仗了他們的撐腰，其人又貪鄙粗魯，現在緊要關頭，不能再出岔子，只好敷衍，希望成功。請你體諒我的苦衷，勉為其難。前途多難，未可逆料，希望你與我同心協力，度過難關，達成目的。余亦知合肥為難，不便拂袖而去，遂唯唯而出。

合肥以長沙地方重要，特派親信傅清節（良佐）為湖南督軍。清節湖南人，保舉周肇祥署湖南省長，亦照允。適零陵鎮守使劉建藩宣布自主，合肥遂令王汝賢率第八師為正指揮，令范國璋率第九師為副指揮，南下討伐。傳以王范兩師，都是精銳，又與王范兩君都是至好，故只帶工程隊一營赴任。

王范兩軍出發後，不久即攻下寶慶衡山，因之廣西譚浩明出師援湘，南北遂正式開戰。南軍趙恒惕，又攻下岳州，威脅長沙。傅良佐以手無軍隊，無法抵抗，聽了周肇祥之言，應速回北京，面陳湖南情形，遂不及通知王范兩軍，潛回北京。王范兩軍因此大為不滿，不肯前進。合肥以傅良佐潛逃回京，竟無用至此，不禁大怒，令以軍法從事。經多人懇求，改交軍法會議嚴行懲處，又經曾雲沛等以若交軍法會議，清節固不免一死，恐牽連太多，無法收拾等語而罷。由是河間藉為口實，合肥憤而引咎辭職，此著實為合肥之失策。傅良佐自知該死，然屏出師門，不敢伸訴，書空咄咄，一心坐禪，竟至入魔，不久瘋狂而卒。

又錚又赴奉天，想以奉軍入關，逼馮下討伐令。馮性狡猾，恐對合肥逼之太甚，又恐奉軍入關，為北洋袍澤非難，乃親到段邸，請段復職，即下討伐明令。並發用人不當，咎由自己之令，意在為合肥分責，合肥纔允復職。復職後，即令駐漢口吳佩孚第三師，暨駐徐州張敬堯第七師，均歸第一路曹錕指揮，從湖北協攻湘南。又令倪嗣冲率安武軍會同第二路軍，進攻湘東，向粵境推進。又令馮玉祥駐廊坊之第十六旅，開往福建，協助進攻廣東。部署既定，合肥親赴漢口，激勵將士。吳佩孚與張敬堯兩軍開到湖南，即與南軍作戰，奪回岳州，向長沙進發，南軍即退卻。捷報傳來，合肥親電嘉獎，並實授吳佩孚第三師師長。軍事正在順利進行中，馮玉祥率領第十六旅到了浦口，屯兵不前，經嚴令前進，到了武穴，又停留不進。且聞陸建章亦在馮軍中，陸為馮之母舅，向反對合肥，擬與馮合謀，乘倪嗣冲出征，襲取安徽，蚌埠忽發現討倪傳單。時安武軍已抵大庾嶺，屢催馮軍前進，協力進攻，過了大庾嶺即入粵境，忽聞此訊，遄返安慶。不久吳佩孚軍到達衡陽，亦屯兵不前，戰報沉寂。又錚恐有它變，密赴衡陽，力說佩孚，謂此舉不但為了統一南北，又為團結北洋團體，以君壯年有為，將來北洋領袖大有可望。若此舉不成，北洋團體，從此解體，只好拱手讓人，我想君必不願。君若服從合肥政策，目下即不為督軍，可先畀予帶銜將軍，與督軍同等資格。北洋將領，年事已高，君的前途，未可限量。吳果為又錚說服。又錚歸報合肥，合肥即從其言，特任吳佩孚以孚威將軍，宜若前途有望矣。豈知曹錕聞之，以又錚挑撥離間，分化直系，大為不滿，且電詰佩孚。佩孚在衡陽，南軍說以利害，贈以六十萬毫洋。正在躊躇未定之時，聽了又錚之言，意又活動。但吳為曹之惟一心腹，亦惟一臺柱，向惟曹錕之命是從。受曹詰責，恐失曹歡，遂更進一層退出衡陽，通電主和，戰局從此大變。

其時因首次三千萬日円借款已將用罄，又與西原續商第二次借款。西原亦知合肥為難，總想其成功，遂力說銀行方面，謂若不續借，將全功盡棄，遂允又借第二次三千萬日金，以吉黑兩省國有森林為保。這是西原出的主意，以銀行方面只知擔保品數量要大，採伐困難，他們不知也。合同一切條件與前次無異，惟森林屬於農商部掌管，故商得田文烈總長之同意。那知部長同意，吉省山居人民，都以砍木為生，以為森林作為日本借款的抵押品，將來日本人入山採木，奪了他們的生計，遂嘯聚砍木的人，焚燒林務局。後經省長出告示曉喻，此次森林擔保，限於官有森林，與民有森林無涉，且保證日本人決不入山採木，並派巡防營入山彈壓，風潮始平。而林務局局長胡宗瀛（字玉軒）已被毆打，幸只微傷。玉軒為我日本同學，學農科，他再三要求辭職，後我去函慰留，並贈以慰藉金，始允復任。此亦借款之小插曲，然我愧對老友矣。

自從吳佩孚與南方通聲氣，通電主和，馮玉祥附和叛變，合肥統一政策遂宣告終止，一蹶不振。西原不知內容，因吳佩孚受了南方軍餉，以為中國軍隊非買收不可，還疑合肥墨守成規，不肯撤手收買，致軍隊不肯賣力。他說中國軍隊，恐非錢不辦。試看北洋軍一進攻，城市即克服，足見南軍無力。我願回國，勸說寺內總理，再借日金二千萬，君勸段總理，不要灰心，不要愛惜金錢，重賞之下必有勇夫。我謝其意，又不便將內容告知與他，他竟自告奮勇，回國運動。那知借約告成，合肥與河間已相約同時下野，此二千萬借款為交通銀行方面極力懇我移借該行，經日本銀行調查，要求派一顧問，遂允作為商業借款。這位顧問，又是一位好好先生，十足吃糧不管事。

余初以為克服長沙，吳佩孚與張敬堯同是有功。但張只是勇將，而吳為野心家，假使湖南督軍畀吳而不畀張，吳或不至生缺望。後知當時合肥卻有此意，曹錕不贊成，謂吳資格不如張，故僅實授吳為第三師師長。總之此次失敗，均為馮河間作梗，非戰之罪也。惟北洋從此有直皖之分，履霜堅冰至，其來有自也。

余攝財政十個月，經手借款為一億另五百萬日金。此外參戰借款等，均為陸軍靳雲鵬經手，與財政部無關，余亦未嘗顧問。而我經手借款之中，除二千五百萬日円為交通銀行所借，二千萬日円為東海所用，財政部實用者只有六千萬日円，合之銀元尚不足五千萬元。而余在任中，官員無欠薪，軍警無欠餉，學校經費月必照發，出使經費月必照匯，即清室優待費月四百萬元從未積欠，至交卸時，庫存尚有三百萬元，此皆財政部有賬可稽。此項借款用於行政費者，多於軍事費，即行政費較之當時臨時之預計尚不足數。幸後因我國參戰，應付各國賠款展緩五年之款，由總務稅司收存管理，以此款為基金，發行短期（五年）公債二千萬元，長期（十年）公債二千萬元，用以整理一部分內債，該項基金未被挪用，得以按期抽籤，付息還本，未失信用。人民以余簽發之公債，信用甚好，爭相購買，差以為慰。

後將沒收的上海德商總會及德華銀行兩處標價出售，各國商人均可投標，惟日本商人標價略高於中國商人，因投標規則聲明，標價相同，或相差無幾，主管部有選擇之權，故以德商總會為中國銀行得標，德華銀行為交通銀行得標，均無異議，此亦自問可對國人。還有改革幣制，因早已聘請坂谷顧問，故與幣制總裁開會討論，各方議論很多，後定為虛金本位，已擬成草案，未及施行，僅將私立銀行及各省（除東三省）所設官銀號發行紙鈔及錢票一律取消，統由中國交通兩行發行，各銀行銀號向兩行領用，總算辦到而已。所惜者軍事一無成就，余以菲才，已心力交瘁，軍人跋扈，不饜其欲，輒以手鎗對待。各方要索不遂，胡造謠言，以炫惑眾聽。外國使團，以未經四國銀團經手，嘖有煩言，即日本使館亦有二重外交之流言。自知才疏任重，遭謗招怨，愆尤叢集，惟合肥能知其中之艱苦耳。後由財部庫藏司出納主任周叔廉君輯有西原借款收支小冊子，分門別類，按月日登記，一目了然，閱之自可明瞭西原借款之用途矣。我於軍事未嘗顧問，自不能知其詳。所借者，合肥自討復辟以後，中外稱頌，人心擁護，又得日本借款為助，而南方局面，亦適值混亂之時，若使北方團結一致，一鼓作氣，卻有南北統一之可能。合肥謀國家統一，而馮河間挾其一得之見，又不能控制全局，從中阻撓，破壞合肥政策，使統一終成虛願，北洋團體，從此分裂，誰實為之，孰令致之，馮國璋應尸其咎！

（錄自《曹汝霖回憶錄》）

附錄二：周學熙一生的業績

胡光麃

在清代末季，華北的周學熙（緝之），華南的張謇（季直）兩位實業界前輩，他們都是排行第四，崇敬他們的人們，都不稱呼他們的名姓，而稱為南北「四先生」。

周緝之和我是至親，他一生的業績，因我接近時多，所知道的也較多些。張四先生當我回國以後，在上海初期就業時，也曾有過接觸的機會。這兩位前輩給我的影響與啟示也最大。他們都是科甲出身，張四先生是甲午科（一八九四）的狀元，周四先生則是癸巳科（一八九三）的舉人。當然他們的胸中羅列的都是線裝書本，講究的是舉業八股，但卻能脫出功名祿位詞章訓詁的藩籬，想到怎樣循那個時代朝野倡行新政的軌迹，以個人的努力，推進最早的新式實業，發揚了儒家所標榜濟世利民的懷抱，未嘗不是獨燭機先勇於赴事的楷模。

這二位四先生中周四先生曾去過日本作短期考察，張四先生從未出過國門。但他們對於如何建立近代工業，開發經濟那種高瞻遠矚，氣魄雄渾，同時極能吸收外來知識（如結交外國朋友採納他們建議），而且即知即行，在當時確是難能可貴的。二位四先生有相同之點，是在青年時期都曾被派辦理過一些官營事業，從此中先得到辦實業的經驗，同時也體察到政治因素的種種困難，而後在他們糾集民間資本主辦私營事業的時候，方能應付裕如，渡過不可想像的無數困難，否則絕不會有那些輝煌的成就。所以我連帶把他們早期辦理公營事業的經過也一併敘述。

在庚子（一九〇〇）拳匪之亂的時候，周緝丈以道臺被派任直隸省開平礦務局總辦。當時的督辦是張翼（燕謀，先為候選道，後升侍郎），聘用的總工程師是美國人胡佛Herbert C. Hoover（後為美國第三十一任總統）當時因洋兵壓境，圖保礦產，張氏與胡佛訂立讓渡礦局於英國公司的合同。緝丈認為合同內容和辦法，甚為不妥，拒不副簽，因而辭職。以後該礦權卒被英國公司佔有不還，他乃另組灤州煤礦公司以資抵制，多年後和開平合併，成為開灤煤礦公司。這一樁華北最大的國際公案，多年來聚訟紛紜，我當於後章詳述。至於周緝丈在北締創的實業，可敘述的有以下數端：

拳亂既平，河北地方瘡痍未復，袁世凱初任直隸總督，北方物價飛漲，制錢缺乏，緝丈奉命首創銀元局，於兩個多月裡鼓鑄當十銅元一百五十萬枚，為當時幣制上一大改革，漸以銀元代替銀兩，以銅元代替制錢，樹立了中國早期使用硬幣的宏規。

次年由於他的建議，創立了直隸省工藝局，包括實習工場和勸業鐵工廠，考工廠，高等工業學堂，教育用品製造所四項。合起來亦即等於現時的「工業推廣中心」。目的在由此「中心」來示範推廣，傳授技術，進而發動民間資力，以趨於工業化之途徑。由公營示範引致民營，意在鼓勵民間「自出新法，製造土貨，變通改良，仿照成法，以敵洋貨，而利民用。」他被委主辦此項工作，因此經他的勸導，直隸（河北）省的城鄉就設立了民立工場十一處，順、直各屬設立的工藝局所，也擴展到了六十餘州縣，五年之後，成效斐然，還開了兩次「縱覽會」以為宣傳。

這個工藝局所推廣的示範工業計有：機械，彩印，染色，木工，窰業，刺繡，提花，圖畫，製革，燭皂與製燧（即火柴）等有關生活日用品的輕工業，都能自己製造而不仰賴洋貨。例如其顯著的貢獻之一，是促進了高陽土布的發展，因為當時的工藝局曾通知全省，為提倡手工藝品，應由他地派人來天津工藝總局實習工場實習各項工業技術。高陽地方的士紳便派人去實習機織，並由勸業鐵工廠價供自製織布機。自是在該縣逐年推廣，遂造成了聞名北方的高陽土布（愛國布即其一種）工業。同時，較大的民營工業如天津造胰公司、丹鳳火柴公司、華北製革公司等相繼成立，都是間接受了工藝局的啟導之功。

同時他認為製造機器是一項基本的建設，乃創辦上述勸業鐵工廠於天津，將大沽船塢舊有機器房屋改為鐵工分廠，組織為有限公司綜理其事，工作的科目計有：機器、木樣、翻砂、鑄鐵、電鍍、鉚鍋六項。以後製出的成品有織布機、軋棉子機、石印機、起重機、水泵磅秤、車床、刨床、鑽床、電風扇等。在工廠裡並附設有圖算學校，以實地訓練繪圖設計的中級幹部實用人才。他所倡立的考工廠，等於貨品陳列所。當時工商墨守成規，對於外洋工藝品多所未見，陳列的新奇物品，頗能引起人們的讚賞，啟發了工商的見識，使製造風氣為之丕變，達到了傳播觀摩改進工商業的目的。

此外，緝丈因為在山東任職的時候，曾被委創辦並做過山東大學堂總辦，對於興學施教和灌輸一輩青年以西方「格致之學」，更具熱心。於是為培植推廣工業的人才，在天津創辦了高等工業學堂，延聘英日技師講授實用技術，考選優良學生赴日實習，一時人才輩出，為人稱頌。那時候，科舉初廢學堂方興，講授自然科學，既乏標本又無儀器，於是又創辦了教育用品製造所，製造理科儀器標本，教學用物圖型，一年之內製成了二百幾十種科學儀器，共五千幾百件，對啟發理化教育幫助不少。

金融是一切實業建設的樞紐，當他任工藝局總辦的時候，曾被派兼辦天津官銀號，亦即等於現在的省立銀行。在他任職官銀號和銀元局兩個金融機構時期，得到了許多有關金融的經驗，是他以後創辦大規模實業得以成功的一大因素。緝丈所舉辦最大的工業，應數全國聞名的唐山啟新洋灰公司，一度供應全國鐵路、港灣和公私建築所需的水泥，奄有獨佔市場之勢。（以後又合併了湖北大冶水泥廠，抗日期中拆遷機器到辰谿，與資源委員會合辦華新水泥公司。在此之前還投資設立江南水泥公司，以後這個工廠設備被日本人拆遷到山東張店，戰後才設法收回。）他擔任啟新公司總理達二十餘年之久。上述的灤礦公司和啟新公司，當時已成為全國最大的工業集團，由於兩個公司規定每年必須提留定額的盈餘來辦理新興事業，這一集團的事業，種類既愈來愈多，規模也愈來愈大。

緝丈於一九〇八年創辦北京自來水公司，一九一五年創辦中國實業銀行和大宛實業銀行，主要業務為輔佐實業發展並發行公司債等。唐山和衛輝的華新紗廠都是由中實銀行發行公司債完成的，應是我國工廠發行公司債最早的。他和南方張四先生同是倡導「棉鐵救國」的人，於一九一八年至一九二一年間在唐山、天津、青島、衛輝四地，設立有名的華新紗廠。一九二二年在秦皇島創辦耀華玻璃公司，在唐山設立啟新機器廠（我曾任該廠廠長兼總工程師），並草擬「長蘆棉墾計劃」等。憑一個人的智能，我真想像不出怎樣在當時那種困難環境中，能締創出這樣多的大事業，並且能蔚成風氣，使華北有心致力實業的人，爭相效尤。甚至有幾個積資極富的大軍閥，也被改變了作風投資於實業，不再以馳逐於政治舞臺為務了。這些多是我親身目睹的事實，能說他不是工業界的一位巨人嗎？

民元的南京臨時政府第一任財長雖然是陳錦濤，但為期甚短，到了臨時政府遷往北京時，第一任財長就是周緝丈，可以說民國最初的財政的規模和各項法則制度，都是由他一手釐訂的，至今大部分仍予襲用。他對我國財經的構想，是實行國家社會主義，使產業勃興大開利源，曾提出「欲謀國庫之充裕，先謀民富之增加」的主張。在距今五十多年以前，竟知道發展實業須求藏富於民，以培養稅源，他認為是合乎老子所謂「將欲取之，必故與之」的哲學，惟恐工商業之不發財，這是如何的有遠見。至於他在那時已主張設立中央銀行為銀行之銀行，以調濟盈虛，主張實行金匯兌本位，主張於每年國家九億元預算中，撥一億元開辦各項實業，一億元為金匯兌準備金等，都是達到計劃經濟與實業建設為主體的基本政策。也可以說他是以民生主義為建國之基礎的躬行實踐最早的一人。

緝丈生於一八六五年，卒於一九四七年。為安徽至德人，兩廣總督周馥的第四子。他十六歲入泮，問學於當時旅京名士李慈銘，李氏的《越縵堂日記》中曾盛讚他的才器。光緒十九年癸巳中順天鄉試，中了舉人後，遭人忌妒，被言官參奏，說他倚恃顯赫家世的蔭庇，考試是找人頂替考中的。於是朝旨再派大臣在保和殿覆試，他仍是名列一等第一名，才洗刷了誣陷。民國時代雖兩任財長，但是他對於北方早期的實業建設的貢獻與影響，實超過了他在政治上的建樹多多。很巧合的是他和美國的亨利．福特幾乎生於同時，同於民三十六年逝世。福特替美國帶來了工業革命，而他則替早期中國奠定了工業基礎。只因兩個人所居的國度和政治社會環境難易不同，在表面上福特的成就要顯著的多。而他在外憂內患極度落後的環境中，能創造出這許多輝煌事業，其成就並不在福特之下。緝丈一生恪守程朱之學，慕范仲淹之為人，方正精勤，是值得令人景仰的長者。

（錄自胡光麃著《波逐六十年》）

附錄三：李思浩與「金佛郎案」

蔡登山輯

香港掌故大家高伯雨（筆名林熙）曾在香港《大成》雜誌發表過〈李思浩的政治生涯〉的數萬字長文（在第76、77、78分三期刊完），應該是迄至目前最完整而詳盡的傳記資料。尤其是作者在一九四一年夏秋之交與李思浩見過面談過話，而後來名報人徐鑄成也在上海採訪過八十三歲的李思浩寫成〈李思浩生前談從政始末〉一文，高伯雨晚年根據徐鑄成的文章，並參考其他資料而寫成此文。而由於這些文章篇幅都極大，談論範圍較廣，牽涉事件較多，遠非一般讀者所能詳讀。因之筆者也參考〈百科知識〉的濃縮版，但同時也校定不少年代的錯誤，同時增補一些歷史背景資料，並將李思浩的回憶對話要點也增補進去，然此非筆者之文章，乃是編輯之資料，特此聲明，以正視聽，並為此書有關李思浩一節，做一補充。

李思浩（1882—1968），字贊侯，浙江慈溪人，祖父經商，積有財產，在餘杭有棉田二萬餘畝。其祖父臨終遺言，田產不得變賣，逐年收入留作栽培後輩，獵取功名之用。李思浩自幼聰慧好學，少時即以神童名聞鄉里。二十歲（1901）時負笈北京，入京師大學堂師範館，接觸到新式知識。但他牢記祖上叮囑，仍圖走傳統的通過科舉考試獲得功名之路。一九〇三年，李思浩回浙江杭州應鄉試，中第一百〇三名舉人，總算不負祖上獵取功名之厚望。次年又去河南開封，參加甲辰會試（此時北京試場已毀於八國聯軍庚子之役，因此改在開封），竟名落孫山。此時已屆清政府行新政、廢科舉、辦新學前夕，李思浩通過科舉再向上博取功名的路徑已斷，於是不得不再返北京，出資向清政府捐得主事（即科員），分發在度支部當差（根據《宣統三年冬季職官錄》載：李思浩是額外主事，舉人出身）。一九〇六年，李思浩出任度支部編纂考核，開始接觸鹽務，從此與財政、鹽務與金融結下了不解之緣。

度支部後因鹽務繁忙，專設鹽務籌備處，李思浩為籌備委員之一。一九一〇年，李思浩任度支部考核司司長兼鹽政處處長，一九一一年任稅務司司長。在此期間，李思浩主要負責鹽政事宜，曾赴浙江、兩廣等地調查鹽務，提出整頓鹽務新法，先後受到度支部尚書載澤、陳堯甫等人的賞識。民國創立後，改度支部為財政部，下設鹽務署，署內分設總務、場產、運銷三廳。署長張弧，李思浩先任鹽稅科科長，後任場產廳廳長。鹽產不僅關係國計民生，而且鹽稅為穩定的大宗財政收入，鹽政一向受各方關注。一九一三年，北京政府向列強接洽善後大借款，以鹽稅為主要擔保之一，從此全國鹽政受到列強的控制。一九一四年四月，根據北京政府與外國銀行團的協定，在財政部之下成立鹽務稽核所，總辦為英國人丁恩，實際控制了中國鹽政的有關重要事宜。鹽務署的一切款項收支，事事須經總辦核批，處處仰其鼻息。鹽稅收入除按期撥付到期的善後借款本息外，餘款大部存入匯豐銀行，名為「鹽餘」，作為其它內外債務的擔保，但仍有一部分撥解到財政部，作為員司薪給及行政經費之用。

此時張弧和李思浩合議，向丁恩力爭取將各地應撥還的一九一四年四月前的歷年鹽稅欠款另行入帳，列入「鹽務另款」，由鹽務署自行支配，不受鹽務稽核所的控制。鹽餘與鹽務另款合計每月收入可達數百萬元，成為北京政府一筆穩定的收入，在當時北京政府財政相當困難的情況下，這筆收入對北京政府的意義不言而喻，而負責鹽務的李思浩也因此成了北京政府的「財神爺」之一。

一九一五年，袁世凱圖謀改行帝制，遭到社會各界的反對。鹽務署長張弧連續接到多封恐嚇信，警告他不得再為袁世凱效力，張弧因膽小而辭職，鹽務署署長遂由李思浩升任，同時仍兼任場產廳廳長。從此，鹽餘及鹽務另款基本為李思浩所掌握，他除將此款的一部分上交財政部外，將其中的相當一部分用於報效各時期的當政者。因此，先後擔任北京政府總統的袁世凱、黎元洪、馮國璋、徐世昌等人，都不斷給李思浩捎來便條，「情商」提用款項，李思浩由此成為當政者眼中的紅人。袁世凱當政末期，將李思浩名列政事堂，以鹽運使資格備用。

一九一六年三月，袁世凱在討袁護國戰爭風起雲湧的壓力下，被迫宣佈取消帝制，旋即在六月六日病死。其後，黎元洪接任大總統，並由段祺瑞出任國務總理，組織內閣。經段祺瑞的親信徐樹錚的推薦介紹，李思浩出任財政次長兼鹽務署署長，得到段祺瑞的欣賞，逐漸成為段祺瑞所倚重的幹將。在段祺瑞周圍集合而成的軍閥派系，稱為皖系，李思浩既為段祺瑞所信賴，當然也就成了皖系集團的中堅人物之一。皖系一手操縱的安福俱樂部成立後，李思浩又成為安福系的財政後臺。由於李思浩掌握了鹽餘與「鹽務另款」這個錢袋，為皖系所倚重，因此在皖系倒臺前，雖然北京政府的內閣成員不斷變動，財政總長一再易人，而他的財政次長地位卻極為穩固，始終連任，不曾換人，成為政壇不倒翁。

一九一七年四月，財政總長陳錦濤因涉瀆職業嫌疑被免職查辦，李思浩一度以次長身份代理財政部部務。同年六月，徐恩元因在中國銀行總裁任上未處理好各方關係，被迫去職，李思浩又兼任了中國銀行總裁。然而好景不長，他在中國銀行總裁的位子上坐了不及一個月，情況還未熟悉，便趕上了七月一日「辮帥」張勳擁清廢帝溥儀復辟之舉。慌亂之中，李思浩微服出京，躲避動亂。不旋踵，段祺瑞組織「討逆軍」，在馬廠誓師，討伐張勳，李思浩為之奔前跑後，積極籌措各項軍事費用。七月十二日，張勳失敗，被逐出北京，段祺瑞再次上臺執政，李思浩繼續擔任財政次長。一九一九年十一月，靳雲鵬組織內閣，李思浩出任財政總長兼鹽務署督辦，手握財政大權，可謂呼風喚雨，這是他一生政治生涯的高峰。

一九二〇年七月，直皖戰爭爆發，皖系戰敗，段祺瑞被迫下臺，直奉兩系共掌北京政權。直系等隨即操縱北京政府，下令通緝皖系骨幹分子李思浩、徐樹錚、段芝貴等十人，被共稱為「安福十大禍首」。李思浩消息靈通，先於二十四日逃入東交民巷，避居於俄華道勝銀行的高級職員宿舍。李思浩只擔任了不到一年的財政總長，而他為逃避通緝，在東交民巷一住就是三年多，無法自由活動。直到一九二三年，經北洋元老王士珍等人的疏通，大總統黎元洪取消通緝令，李思浩始離開北京去天津閒居。不久又應浙江督軍、直皖戰後皖系碩果僅存的大將盧永祥之邀，去杭州居住，並被盧永祥奉為上賓。一九二四年九月，盧永祥與直系軍閥的大將、江蘇督軍齊燮元開戰，是謂江浙戰爭。結果盧永祥戰敗，李思浩隨盧永祥逃出杭州，蟄居於上海租界。

一九二四年十月，直系與奉系軍閥在北方發生了第二次戰爭。由於直系大將馮玉祥臨陣倒戈，直系戰敗，曹錕辭去大總統職務。十一月間，段祺瑞在張作霖和馮玉祥的支持下重新出山，在北京組織臨時執政府，自任執政，重新搭起了北京政府的班子。段祺瑞起用老部下李思浩，擔任財政總長兼鹽務署督辦。但此時段祺瑞所代表的皖系實力已大為削弱，今非昔比，而各地軍閥割地稱雄，各省稅收多被截留，中央所得甚少，「鹽務另款」來源也告斷絕，北京政府財政陷入絕境。即使京畿之內的稅賦收入，也都被劃歸奉、馮兩軍充作軍費，臨時執政府的日常開支、軍警餉金，均籌措無著，只能靠告貸度日。此時外債因幾無可作抵押之物，無處可借；內債因無償還信譽，本國銀行又都袖手旁觀。在這種情況下，段祺瑞飲鴆止渴，甘冒天下之大不韙，責令李思浩限期辦理結算「金佛郎案」。據李思浩晚年回憶說：最初他一直不肯辦，怕被國人唾罵。段祺瑞下了七次手諭給他，催他辦，他都擱著沒辦。後來徐樹錚和法國政府接觸後，從巴黎打來一個長長的電報給段祺瑞和李思浩。段祺瑞接電後，立即召見李思浩並給他看電文，催他速辦。李思浩說：「這件事是吃虧的，直系當政時，曾經想辦，唯恐遭到國人強硬反對，當時你段老總不也領銜發過通電，堅決反對直系辦這件事嗎？」段祺瑞說：「此一時，彼一時，現在非辦不可！」在段祺瑞的指示下，李思浩復就此事與法方再度商議。

金佛郎案的由來是，根據《辛丑和約》，中國須賠償法國白銀七〇八八萬兩，通過關銀與佛郎（法郎）之折算，連本帶利共五八〇一六萬佛郎。因為佛郎實行金本位制，而金銀比價經常變化，故每年中國以白銀時價折合金佛郎交付法國。第一次世界大戰之後，因為通貨膨脹，佛郎貶值，其實際價值僅及其紙面含金量的三分之一。為了確保自己的利益不受損失，一九二二年，法國提出將庚子賠款之未付部分退還中國，用於償還中法實業銀行基金，發展中法教育事業，代償中國政府應繳中法實業銀行未清股本，及清結中國政府欠中法實業銀行各款，但所有這些用款，均以金佛郎計算。所謂「金佛郎」，是指實行金本位的紙幣。當時中國銀幣一元值八佛郎有餘，而如果以其含金量牌價換算，則只值二佛郎七〇生丁左右。如果按照法方要求，以金佛郎付款，中國將要損失六千五百萬元之多。這樣，名義上是法國向中國退還庚子賠款，實際是為了法國的利益，將佛郎貶值的損失轉嫁於中國，中國不僅未得好處，反要向法國付出一大筆錢。

庚子賠款本來就是列強強加給中國的無理賠款，如再加上不合理的滙率，勢必增加中國財政負擔，中國人民當然不會接受。一九二三年二月，法國鼓動《辛丑合約》八國公使向北京要求庚子賠款支付現金；拒不批准華盛頓會議《關於中國關稅條約》，以致中國遲遲不能徵收2.5%附加稅；指使總稅務司在中國關稅、鹽稅餘款內，按金法郎計算，扣留法、比、意、西四國的賠款數。在內外雙方的壓力下，北京政府曾在一九二三年二月，決定同意以金佛郎結算法方退還之庚款。然而消息傳出後，輿論大嘩，各界一致抨擊此決定為賣國行為，該案在國會被擱置，懸而難決。一九二三年十月，曹錕通過賄選，成為北京政府總統，法國聯合各列強遞交照會，聲明如中國不承認金佛郎，則法國對中國政府整理外債、增加關稅等問題將不予支持。曹錕本想通過與法國的談判，秘密承認法國的要求。但礙於各界的強烈反對，他不敢貿然行事。十二月，北京政府再次向法國聲明不承認金佛郎。

到了段祺瑞重新執政，為了提取四國扣留的關鹽餘款、召開關稅會議、增加稅收，於是乃在一九二五年四月十二日與法國簽訂《中法新協定》，其中規定：法國將部分庚子賠款餘額退還中國，作為中法兩國有益事業之用；總稅務司扣留的中國關鹽餘款還與中國政府；中國政府將賠款餘額折成美金支付，並自一九二四年十二月起至一九四七年，逐年墊借與中法實業銀行。規定中雖然沒有出現「金法郎」字眼，但折成美金支付，即是變相地用金法郎償還。

一九二五年六月十七日，總檢察廳指派翁敬棠調查該案。經三個多月的調查，翁敬棠在同年十月二日向總檢察廳呈交了九千字的檢舉理由書，說明金佛郎案使中國蒙受的損失超過八千萬元，認定該協定為「圖利自己或他人或外國而故意議定」，李思浩、沈瑞麟已觸犯刑律，要求總檢察廳將二人依法治罪。同時，翁敬棠還將該檢舉書分寄各個報社發表，並且為避免遭受迫害而避往天津。次日，各報均採用顯著標題刊登了檢舉書全文，輿論一片譁然。十月八日，翁敬棠在天津又檢舉前任司法總長章士釗「職掌司法行政……以促成此事」，有共犯情節，「應飭令該管檢察廳併案辦理，以肅法紀」。在輿論的壓力下，已經調任教育總長的章士釗與沈瑞麟同請辭職。段祺瑞得知此事後，搜捕翁敬棠，但未拿獲。一九二五年十月下旬，司法部令總檢察廳會同京師高等檢察廳偵查此案。因段祺瑞政府袒護，數月時間過去，僅李思浩提交一份辯訴書。一九二六年三月六日，京師高等檢察廳下達處分書，宣佈對李思浩、沈瑞麟、章士釗三人不予起訴，認為李思浩等人「於吾國有損部分，則力求縮小；於薄有利益部分，則力予擴張」。翁敬棠不同意該處分，依法申請再議，但京師高等檢察廳以翁敬棠並非原告為由駁回申請，了結了此案。翁敬棠乃在報紙上發表講話，揭露全案的內幕，指京師高等檢察廳「上下其手」，對政府官員加以包庇。一九二六年十二月底，翁敬棠還在報上揭發「金佛朗案」，指由於義大利、比利時援此案為例，導致中國損失七千萬元；加上法國的部分，中國損失共達二億元以上。

對於指控，李思浩晚年回憶說：「我是當時主辦金法郎案的。如果說此案我國沒有吃大虧，這是昧著良心說話。照當時紙法郎和所謂金法郎（當時法國實際早已不使用金法郎了）的差價計算，我國至少要吃虧六千萬元。我在辦此案時，就估計到此案一宣布，一定要受全國唾罵，而且將來還可能對簿公庭的。因此，在收支方面，不敢絲毫馬虎，並關照下面員司，一定要把有關帳目登記清楚，以免授人以攻擊的把柄。」後來，首都檢察廳果然請李思浩去談話，他把所有簿冊單據全帶了去，請求審查。他們沒有找出任何漏洞，以後就沒有再追究。李思浩又說：「有人說，我李贊侯在金法郎案中發了大財，事實上，我經手的每筆付款都由財政部庫藏司登帳，以後在法院調查時，也逐筆查對的。我當時為了應付國會議員們的需索，有些沒法出帳，還賣了一幢房子，用去二十萬元，才應付過去的。」。李思浩再說：「在執政府時代，我當了一年多財政總長，有半年多是比較過得舒泰的，主要是解決了金法郎案，拿到了關餘，除了應付奉軍、馮軍的軍費需索和發放些機關、學校欠薪外，還賸餘一千五百多萬元，手頭鬆動了，應付當時中央政府的開支，有半年多沒有鬧飢荒。」

李思浩在金法郎案中雖為代人受過，但激起社會各界的反對是不可避免的，有傳聞他已受馮玉祥部下的嚴密監視，並將對其採取行動。李思浩預感處境危殆，遂於一九二五年十一月再度逃入東交民巷，租得法國東方匯理銀行的空屋兩幢暫居。一九二六年四月，馮玉祥的軍隊在與奉軍的作戰中失利，退出北京，李思浩遂由奉系備專車送至天津，從此在天津開始了他長期的寓公生涯。

李思浩到天津後，退出政壇，終日閒居，不問世事。其間中國政壇風雲變幻，一九二七年南京國民政府成立，一九二八年六月國民革命軍進入北京，國民黨成為中國政治舞臺的當權者。一九三一年冬，蔣介石因九一八事件和國民黨內部派系分裂，一度辭職下野，回到家鄉奉化。此時，蔣介石與宋子文一度發生矛盾，宋離職去廣東，並表示要辭去財政部長職務。蔣介石則通過虞洽卿，請李思浩往謁。李思浩在徵得段祺瑞的同意後，南下到達上海，由虞洽卿陪同赴奉化見蔣介石。蔣介石表示擬以財政部長相委，然時過境遷，此時的李思浩早已失去當年的實力，在天津賦閑多年，與政事也早隔膜了，蔣介石的表示或許只不過是一種姿態而已。李思浩心知肚明，表示願意在財政上盡力相助，但財政部長一職仍建議宋子文留任。宋子文在廣東聽說南京把李思浩找到奉化，非常恐慌，急忙趕到南京，從此不再提及辭職一事。

「九一八事變」後，日本侵略勢力深入華北。為了避免日本利用北洋元老從事分裂活動，一九三三年二月，蔣介石派錢新之北上天津，接段祺瑞南下。錢新之找到李思浩，由錢、李共同陪同段祺瑞到達上海，被招待住在陳調元的一坐大住宅裡，由國民政府每月撥給段祺瑞生活費，直到一九三六年十一月段祺瑞在上海病逝為止。對李思浩、曾雲霈、段宏業等段派人物十人，亦每人每月致送津貼一千元。直到抗戰時期，李思浩託人帶信給重慶當局請免後，他的津貼始告取消。

一九三五年，日本對華北的侵略更為擴大，華北局勢更加緊張，李思浩得到蔣介石的電召去洛陽，被任命為冀察政務委員會副主任委員，並兼下屬之經濟委員會主任委員，著其當即北上赴任。蔣介石的意圖是利用李思浩與日方的關係，盡可能有所緩衝，以爭取時間。一九三七年七月七日，日本在北平郊外的盧溝橋發起挑釁，攻擊中國軍隊，中國守軍奮起抵抗，抗日戰爭爆發。此時，日本軍方力圖留住李思浩，利用他為日本侵華效力，而李思浩則決心脫出樊籠，毅然離開北平，至天津住下後，再搭輪船到上海。但李思浩到上海後，上海大部地區也已淪陷，只餘租界地成為日軍暫時無法染指的「孤島」。日方繼續派人威脅利誘，迫李思浩出任偽職，而當時上海暗殺之風甚熾，李思浩亦被列入國民黨軍統的監視名單之中。李思浩深感自己危若釜中游魚，只得避走香港。他在香港經常和杜月笙、錢新之交往，並曾同去武漢見蔣介石。蔣介石委他為中央賑濟委員會第九救濟區（轄區為閩、粵、桂、港、澳等地）賑務委員，李思浩遂重返香港居住。軍統首領戴笠曾多次過港，每次都與李思浩見面，某次李思浩對戴笠戲言：過去在天津、上海多蒙你們關心，成為注意對象，現在可以從監視名單中勾去了吧。戴笑答：「我們早是一家人了，還提作甚。」

太平洋戰爭爆發後，香港淪陷，李思浩被日軍拘押到上海，再次成為軍統監視的對象。日本特務頭子土肥原賢二曾多次找李思浩談話，企圖拉其下水。後由於日方內部對李思浩的看法不一，且汪偽政權早已開張，也不願李思浩再插足進來，因此他始終未曾正式下水出任負實際責任的偽職，但在經濟上曾得到汪偽政權的津貼，並擔任了一些掛名職務，如偽交通銀行常務董事、中國通商銀行董事、上海四明商業儲備銀行董事長、《新聞報》董事長等，每月領取多少不等的乾薪。

抗戰勝利後，李思浩因與蔣介石、戴笠等人關係較為密切，而且未在偽政權中負過實際責任，所以不曾遇到肅奸的麻煩。此後他因年邁體衰，不再從事社會政治活動。中華人民共和國成立後李思浩擔任過上海市政協委員。一九六八年一月二十八日，李思浩因病在上海去世，終年八十六歲。

輯二
荊齋詩鈔

(本輯為復刻本，收錄賈士毅從清光緒三十三年迄民國十五年的詩詞，內文頁面或有少數污損、模糊、畫線，為原書原始狀況，不另註，力求完整呈現。)

荊齋詩鈔序

陽羨賈果伯以財政之學名世者有年。著作裒然等於身。人多以上安相目。若精銳縝密專於一長者。頃出其所作荊齋詩鈔屬爲序。讀之則坦夷和易。以香山放翁爲指歸。一張一弛。迥然若兩人。嗚呼士固不妄有名哉。憶余弱冠入舊都。曾刻印曰東西南北之人。少年狂態。思之可哂。而弧矢四方之志。固未嘗一日忘。及今五十年。足跡遍九州。得交其賢達。雲萍之錄。幾盈二尺。獨恨所遇宗人絕少。不知吾宗之不振耶。抑高尚其志者避余而不屑與交耶。幸於跫然足音中。得兩賢焉。一則果伯。一則白下賈雪堂治邦也。勝利還都。欲訪雪堂。則宿草久荒。祇一子尚守故廬。楹書未盡零落耳。爲惘然者久之。果伯則東渡來臺。老且益健。今七十矣。著作之暇。餘事爲詩。述征紀事。以寫實景抒性情爲主。而不璅璅于雕琢。蓋人也而得于天者。昔鹽鐵論中大夫與文學分壘相攻。幾似不可翕合。若吾果伯則兩佔勝場。才氣且突過前賢矣。一夔已足。釋我平生之憾。其喜躍寧止得一珠船哉。果伯固有志之士。嘗蓄願著書以啓迪學子。置義莊以睦宗族。建會館以聚邑人。積之歲年。所願皆有成就。是其中心懇懇異於浮華之士。宜乎詩中言之有物也。是固不賴以詩傳而詩之可傳也必矣。陽羨名勝地。東坡欲買田歸老者。余雖無買田之志。所蘄中原底定。得一徜徉於其間。白酒黃雞。果伯自有以款我。旬焉月焉。得詩且以益富。倡予和汝。爲樂無旣。吾知果伯固將同此心期矣。爰書簡端。以爲左券。

中華民國四十四年十一月宗弟賈景德序于臺北寓廬

荊齋詩鈔目次

第一（自前清光緒三十三年訖民國十五年）

第二（自民國十六年訖二十七年）

第三（自民國二十八年訖三十三年）

第四（自民國三十四年訖三十九年）

第五（自民國四十年訖四十五年）

右共二百七十二題。內古詩八十九首。律詩二百零二首。絕詩一百六十九首。計四百六十首。

荊齋詩鈔

荆齋詩鈔

陽羨　賈士毅　果伯

第一（自前清光緒三十三年訖民國十五年）

立春　丁未

戶外條風動。陽從雪地囘。花心破夢醒。草脚帶春來。造化同涵煦。天工妙剪裁。靜觀悟物理。緩步探新梅。

田家樂

我本農家子。少小學春耕。荷鉏不自苦。跨犢覺身輕。菑畬生意徧。場圃鏡面平。謳歌動隴上。寒暑遞嬗更。雷動驚蟄蟲。甲坼衆卉萌。纔過寒食節。夜雨連天明。殘烟滿溝塍。宿霧濕簾旌。擇日播稻種。新漲聽流聲。五月二麥黃。分秧若雲生。折腰行遲緩。應手插縱橫。稂莠除務盡。嘉禾爭滋榮。冒暑踏翻車。戽水作泉鳴。秋來只怕雨。打稻趁霜晴。連枷澈夜響。面笑心却怦。新穀入磨礱。粒粒似珠瑩。糠覈供鷄食。蓋藏倏豐盈。檐日煖如烘。雪蕻尙可羹。醴酒臘後釀。長饗甕頭淸。元旦獻椒盤。鄰翁醉顏頳。身上新衣衫。云是婦織成。人人勤稼穡。在野各有營。家家皆溫飽。俗淳自無爭。每念舊夢境。頓觸新詩情。補作擊壤歌。聊待野人賡。

看風箏

村莊兒女放風箏。結伴嬉游趁乍晴。雲外琤瑽傳逸韻。似聞天上管絃聲。
步虛仙子御風煙。細骨輕軀一線牽。只怕天公惡作劇。乍經雨打却堪憐。

春偕徐澄秋赴橫濱蔡治民周鑑澄來迓　戊申

春色將殘入畫屏。飇輪千里夢中經。蓬壺天外疑招手。螺髻雲中未定形。
風物推移情共邈。交游存問意堪銘。只餘積習難銷盡。賸借淸歌掩獨醒。

東游雜詠　己酉

長崎訪古

星洲數點現微明。渾喜仙樓風月淸。漢學久尊朱舜水。殘碑猶署鄭延平。

馬關遠眺

是誰締約棄臺員。餘恨永留乙未年。過客眺望須記取。春帆樓影尚如前。

上野公園

櫻花燦爛弄淸和。何事新裝鬥綺羅。如織游人來復去。此園最是鬧人多。

淺草公園

舊跡重尋過小池。看花恨不及芳時。亂紅如雨春何在。默對斜陽感別離。

大阪漫游

煙囪隨處現工場。造物無私啓寶藏。省識衞文興國意。機聲嘈囋萬夫忙。

太平洋岸

風雲浩蕩太平洋。浴日波濤接莽蒼。誰識幾家捭闔策。釀成來日戰爭場。

春日感懷　庚戌

春色撩人又一年。風光流轉似浮煙。長隄草碧池波綠。並觸覊人意悧然。
窗前野馬颺輕塵。遠寺疏鐘聽未眞。鑽隙明蟾浮瓦硯。聊陪兀兀著書人。
爛漫花枝媚夕陽。一春景物費評量。嫣紅姹紫知多少。徒惹游蜂浪蝶忙。
蓬山落日尙屯營。浩蕩春風動客情。忽憶長安今夜月。萬家燈火正三更。

山樓秋望

海國方秋半。山樓又夕陽。松凝巒嶂翠。桂颺梵宮香。地迴歸鴉急。風高旅雁涼。霸圖紛在眼。相對意遑遑。

朝鮮仁川港卽景　辛亥

極目蒼茫浪瀉銀。萬家烟火罩城闉。昔傳箕子分封地。今作扶桑部屬民。
如此山川信秀媚。却憐塵世尙貪瞋。撫時不盡興亡感。誰識天心話舊因。

初到計曹　壬子

計曹初到曉風舒。鴉鷺幾行遠影疏。破碎山河餘戰伐。紛淆財富費爬梳。敝廬滲水牽蘿補。枯木回春得氣噓。列國成規堪借鏡。未來收穫待耰鋤。

述志

聖人去已邈。經傳垂遺文。跡猶有可考。後生學宜勤。孔門授心法。惟中庸最眞。道正而理定。循之德日新。淑身且淑世。風俗庶返醇。

吾心具義理。驁遠則悔吝。律己在窒欲。處事先守信。道豈遠於人。求以心相印。謹言復篤行。德乃可日進。堯舜與人同。黽勉發吾軔。

布政頒文武。方策具遠謨。既示輕徭役。復頒減稅租。治要非一端。培養如蒲盧。世亂多貧窶　饑寒正疾呼。何當事勤恤。相安還相扶。

春風吹百花。朱白各成色。娟娟競媚姿。大鈞豈異力。世人苦未喻。心骨徒鑱刻。何如率吾性。儻然全吾德。庶以養生生。同躋仁壽域。

元旦程都督雪樓瞻園讌集　癸丑

是年元旦，程都督歡宴　中山先生。同席陳英士莊思緘應季中陳之驥章梓洪承點雷繼興沈信卿袁觀瀾仇繼恆張雨蒼。余與單束笙奉部派蘇視察財政。邀同作陪。聊託微吟。用抒所感。

瞻園初日烘餘寒。梅搖疏影拂闌干。蘿徑屈曲翠苔溼。高閣幽敞列樹攢。飛奴分頭召佳客。矞雲新瀹小龍團。鈞天九奏倏吭引。鄙俗頓消俯仰寬。屠蘇醱醅開大甕。羣賢畢至慶履端。雲陽都督江左表。杖履周旋聯衆懽。座上巍巍中山老。鬚眉淸揚儒衣冠。締造共和啓景運。雲霓在望蒼生安。餘賓一一盡英雋。語言有味勝芝蘭。意氣飛騰互酬酢。主人勤勸杯同乾。酒邊忽憶及桑海。衆生卻立愁奔湍。欲轉昇平重文治。四維立國論不刊。歸來掩扉意惝恍。蒼松修竹且盤桓。

春明雜詠

天壇晚游

泰壇松柏鬱森森。御道青莎弄夕陰。曾是舞雩風詠地。雲天閑話此披襟。

法源寺看丁香

古寺春深靜掩關。丁香搖影色斕斒。迎風花氣似含恨。大節千秋憶疊山。

宋亡。謝疊山入燕。被幽于此。不食而死

靈光寺訪古

靈光舊寺裊寒烟。刼後池邊柳尚妍。辛苦殘僧營陋室。階前琴筑落春泉。

萬牲園看牡丹

少年走馬看花來。露浥烟籠朵朵開。莫羨此花眞富貴。也隨紅雨點青苔。

十刹海看荷花

古刹橋邊作勝游。鷗波影裏起清謳。荷花萬朵香成海。風動月痕逐水流。

陶然亭看蘆花

陶然亭畔寫秋晴。淡淡風飄絮影輕。自是百年游讌地。蘆花也有舊時情。

北海登古塔

梵宮古塔矗千尋。拾級登臨動壯吟。歸渡虹橋尋古蹟。殘碑猶見署遼金。

頤和園過排雲殿

涉園成趣我來遲。樓閣參差影倒池。殿過排雲談軼事。遜淸遺恨數慈禧。

登泰山夜宿玉皇頂觀日出　甲寅

岱宗葱鬱仰巍然　拾級登臨欲際天。羣岫浮空成島嶼。萬松跋浪起風煙。
淹留漸欲忘人境。習靜幾同參夜禪。曾向重溟觀日出。豪情奔放湧如泉。

新華宮　乙卯

新華宮裏影模糊。竿木登場聊自娛。作僞酸辛心日拙。夜深王氣燭天無。

閫外貔貅各控弦。登壇諸將迅加鞭。勢能舉足分輕重。帝子夢殘跡已遷。

乞假還鄉　丙辰

杜宇烟外飛。聲聲勸我歸。忠告披肺腑。厚意未忍違。旅京倏五載。得假詎肯待。一夕整輕裝。趁航浮東海。踰海登滬市。南行邑山峙。邑山，在宜興北鄉。入村見古槐。燕集高堂裏。老母聞兒來。歡顏頓爲開。細問都中事。還道刼後灰。阿弟聞兄來。攜眷幾度陪。呼童烹雞黍。花下共啣杯。田父本舊識。贈我以蓮薏。鄰嫗工織絺。貽我以衣褂。物微情却殷。淳風足相憶。家住朋溪濱。舊宅在漕橋鎮。係朋溪支流。漁唱入夢頻。靈波漾素影。游魴翻玉鱗。怡然坐釣石。風流緬季眞。

譚省長組庵招飲郭園並追懷黃蔡史蹟　丁巳

是年三月。黃克強蔡松坡兩元勳在湘舉行國葬。余代表財部。往長沙參加典禮。譚省長組庵假郭人樟花園。設席招宴。同席林子超溫壽泉陳雪萱劉霖生周振麟鍾槐村歐陽振聲趙炎午梅植蘐袁雪厂范秉鈞。

茶陽嬌嬌龍鳳姿。名園高會景物奇。百花妝林供游賞。風光澹遠心神怡。
座中多半遠來客。厠我其間伴新知。肴嘉曾飫紫筍味。酒美更有清泉醨。既醉既飽皆樂只。獨念黃蔡爲國悲。英姿颯爽風格峻。曾記中原起義師。荒雞破曉連鼓角。老雁橫塞掠牙旗。揚鞭慷慨經百戰。只爲民主不逮私。昏衢已替燃智燭。登樓還劇傷艱時。不矜已功不伐善。時人稱黃爲首造共和。蔡爲再造共和。黃蔡謙讓若不及。奕奕威儀耐人思。尊前多少憂世士。縱談軼事同嗟咨。酒闌語罷各分手。湘江春水助成詩。

梁任公先生爲拙著民國財政史撰序

任公序文末段大意。余曾以國民宜求財政常識著論以告當世。今得賈君是編而讀之。所謂人人應備之財政常識。一開卷而盡羅於目。豈僅國政隱受其益。抑社會實利賴焉。故樂而爲之序云。

少小聞公名。知列新政內。戊戌新政稍長詢公蹤。謂游九州外。弱冠讀公文。醉心新民義。合羣崇公德。立國先自治。憂時抒丹忱。篇篇寓深意。任公作新民說分公德，私德、自由、自治、自尊、合羣、毅力、尙武、進取冒險，及國家思想，義務思想等篇。民初識鳳凰。見公文酒會。民二熊鳳凰組織人才內閣。任公亦參加。長司法部長。羽儀出天表。渾璞具奇致。中藏興邦略。語咸在匡濟。少年不自量。妄思事記載。賦稅繫民生。度支關國計。蚊力期負山。斤斤述興廢。書成造大雅。淺陋頗自媿。所願錫南鍼。砭我胸次隘。公不嫌疏狂。偏撰序相賜。語重心彌長。令我寄一快。並告茲新作。有裨學術界。老成勖勉語。造次寧敢懈。顧我私自儆。悄悄力未逮。

湘鄂兵興

初報邊烽照永衡。近聞鐵馬集襄荊。將材衰落原堪慮。士氣銷沈更可驚。
兵燹餘光侵月色。干戈滿地動鄉情。似聞欲罷玄黃戰。預卜他年見太平。

壽李伯芝太夫人七十

壽人一曲進唐山。不藉金丹自駐顏。儀宮清芬曾采藻。珩璜雅韻復鳴環。

越中鏡水鍾靈淑。江上匡廬幾往還。今日稱觴頌難老。成行喜見綵衣斑。

回首穠華桃李春。雞鳴猶逮事尊親。高堂好客門盈轍。中饋調羹釜未塵。
桓鮑清型能化俗。鴻光相見自如賓。況聞撤珥馴豺虎。巾幗長才更絕倫。

齊飛五鳳耀門閭。卓犖雲霄振翮餘。梟貨周官權緩急。金銀夜氣識盈虛。
大才並擬明堂柱。彝訓還承晝荻書。八座尊榮今白首。丸熊應共念平居。

天津橋上彩雲飛。長護金萱藹錦闈。瑞溢清門流慶澤。芬垂彤管有光輝。
鳳笙按節銀簧奏。鶴蓋成陰玉琖揮。願祝慈闈無量壽。漫云七十古來稀。

挽任逢辛丈

碩德鄉邦重。長才政事優。觀風持漢節。移粟泛秦舟。何意靈光炯。俄悲
逝水流。遺型千載後。青史定常留。

勁節瞻松柏。柔條託女蘿。琴書常侍坐。樽酒屢相過。愴惻吳江月。蒼涼
薤露歌。從今丈人行。無復仰巍峨。

回京夜游

是年春，黃陂與合肥啓府院之爭。合肥復與民黨閣員不協。政潮洶湧。波及各部員司。識者病焉。

天涯飄泊夏經秋。京邑重來作夜游。往事已成春過眼。今宵又見月當頭。嶺雲聚散隨風信。鼓角悲涼動客愁。收拾雄懷趨靜默。無心忤物更何尤。

秋陪熊秉三先生游宜興庚桑善卷雙洞　戊午

游洞時。備具火炬。經土人引導。路雖險隘。頗多古色古香。迨至儲南強先生管理兩洞。藉水泥電燈爲點綴。名目固多。却漸失去天然之美。

鳳凰熊夫子。五嶽徧游迹。玆焉來陽羨。汗漫恣登陟。我爲東道主。杖履陪晨夕。兩洞信仙區。奇趣耐尋繹。始至庚桑洞。束炬躡奧域。騰身欲上天。移步墜深澤。盤曲遞晦明。幻形誠莫測。乍駭百獸舞。轉疑庶品殖。忽呈帝城秋。璀璨宮闕闢。又現禪窟夜。錯落亭臺寂。蝙蝠時來翔。作戲鼓其翼。天乳齊倒影。連珠湧其液。壁鱗何蓰蓰。蹬爪何歷歷。盂中與盂外。一瞥天人隔。後過善卷洞。恍似山水國。區以上中下。地隨形勢易。中權入須彌。廣殿涵浮碧。庭前象舞鼻。階旁獅臥石。登高臨棧道。笑兀天咫尺。老松競霜姿。疏梅浮月色。九折尋聲下。飛瀑灑斷磧。淸流傍小艇。上泝驚湍激。匍匐轉三彎。靈源隨嵐滴。不辭涉險境。所要遂幽覿。諒哉天工巧。物化現頃刻。鴻濛東啓後。雙洞傳奇特。善卷辭天子。高風仰其德。庚桑居畏壘。潛光崇其格。古人跡已陳。俯仰聊自適。銅峰笑留我。此別意難釋。作詩獻老人。屬稿心先惕。

偕潘更生盛灼三赴海甯觀潮　己未

海甯八月游人稠。綠楊陰裏起淸謳。平生胸中無滯物。與友共作觀潮游。日麗風淸開宿霧。登陸步入江邊路。觀者鶴立聲如沸。舉頭前瞻又回顧。俄驚東南雷霆聲。砰訇忽似山岳傾。鵝毛一線浮海外。萬馬奔馳事遠征。潮頭如山怒翻雪。雪獅跋浪迴湍咽。練紋相盪復相搏。雲陣參差旌旗列。漸趨漸近漸激昂。闞如虎嘯騰龍驤。嘩然一聲潮頭散。滿天餘沫猶飛揚。一年一度呈奇耳。平日乃與常時似。今朝始悟造化功。妙處原在變遷裏。

平綏雜詠 庚申

是時，徐籌邊使又鉾主張振頓蒙邊金融。邊業銀行于庫倫分行成立之後。添設張家口分行。余與曲荔齋同往參加開幕典禮。順道游覽居庸關南口及清陵等地。

清陵

清廷遜位寢園存。何處鵑啼帝子魂。鬱鬱松釵滿山麓。未隨龍去任風翻。

南口

地控要衝屏舊京。迢迢千里走兵聲。橫空鵰力和風搏。入夜危碉刁斗鳴。

居庸關

長城迤邐斷風。一劍當關路不通。大漠連雲秋雨暗。羣巒東走護居庸。

張家口

朔風颯颯動旌麾。塞上籌邊萬馬馳。北控庫倫東蔽薊。雄關屹立限華夷。

赴香山慈幼院謁熊秉三先生

名園日暖物同春。獨抱痌瘝念大鈞。自是天開新世界。莘莘學子樂陶甄。

先生創設慈幼院。於營生工業外。並有自治組織。

高閣重臨續墜歡。劇談舊事夢中看。多情猶憶荊溪路。月下同舟過氿灘。

戊午秋，曾陪先生游宜興東西兩氿。

秋調任京江

京國囂塵歲歲忙。今年移節水雲鄉。恃才傲物甯非隘。抗志凌雲未免狂。

兩岸江山憑眺覽。四時風月任平章。蕭然吏隱君休笑。一局殘棋到夕陽。

宜興龍池寺造巔觀龍　辛酉

自笑年來如轉蓬。偶然飛落到山中。高峯插漢烟籠翠。遠樹拖霞日襯紅。

斷續灘聲喧客夢。抑揚柳絮醉春風。池龍吼氣徵天雨。故事追尋問牧童。

自普目庵遊罄山寺

松陰竹色碧冥濛。曲渚斜橋一徑通。山勢迴環惟恐盡。泉流嗚咽似無窮。野花香裏迷歸客。寺罄聲中颺晚風。晨起徘徊眺遠景。華嚴樓閣現西東。

句容慧居寺

竹陰苔徑曙風清。又入慧居寺裏行。偶與老僧閒話舊。卻隨游客浪題名。新鶯粘雨當頭過。古樹簪花照眼明。獨有春風知我意。相迎款款慰生平。

赴美參加華府會議誌感

冬，美總統哈定召集中美英日意法葡荷比等國在華府開九國會議。規定美英日法意海軍噸位比率。並對我國訂定四大原則。即尊重主權，與領土完整，各國工商業機會均等，及不攫取特殊權利。

我生多險艱。抗志薄雲天。竭來新大陸。折衝護國權。由來物欲熾。唇火終將燃。神州念吾土。竦息防垂涎。哈定主公理。集會共討研。息爭明眞諦。偃武是關鍵。孰意羣雄間。利害互相牽。東西猶睥睨。捭闔爭後先。覲察旣各異。成見難盡捐。一朝均勢破。干戈起八埏。幸賴盟主威。壇坫與周旋。公道有不泯。羣情尚愼旃。約章期共守。吐辭簡且鮮。安危關宇宙。豈惟一隅全。弱國無外交。聞之思悄然。危言驚四座。正氣動山川。稍紓胥溺患。暫塞猶涓涓。外患逼眉睫。勢似箭在弦。東鄰必爲禍。北庭或窺邊。來日慨大難。四望徒憂煎。

偕金問泗吳南如游華盛頓故宅

開國勛名鑠五洲。寂寥故宅此間留。巖扉想象遺芳躅。游客登臨發古愁。浪穩神龍歸穴臥。日斜倦鳥向林投。同游勝地襟期曠。但覺風光非我秋。

偕李石芝朱鶴青游費城獨立廳見自由鐘

獨立廳猶在。鐘聲上達天。浮光射虛壁。餘韻落淸泉。高塔懸朱日。澄湖點綠煙。自由題字古。開國獨機先。

道經阿拉斯加島舟中遇險

初離新大陸。輪行漸斜欹。旋經阿拉島。風狂益難支。驚濤噴作雨。紅日潛光輝。初似鰲山墜。又疑鼉窟移。駭浪沖舟頂。頂傾水交馳。船主被傷重。有計無所施。而我於中流。高臥忍片時。亦知怖無益。聊復誦古詩。既濟痛未已。嗒然縈我思。援文訴海神。略陳艱苦辭。年來涉江海。履險間遇之。此胡太酷烈。性命懸垂絲。碧眼涉海來。揚帆若奮鬐。紅髯渡海去。放溜如奔驪。神於我何薄。厚彼豈獨私。禱罷我有感。撫枕魂依稀。神來入我夢。責我大有詞。南線與北線。（南綫由美國舊金山至上海。途中約須二十六日。北綫由西特里埠至上海。僅須十六日。）兩路分險夷。南線路稍遠。微颸揚漣漪。北線路稍近。暴飈時相隨。蒼天無成見。休咎任人爲。汝欲趕歸程。去安而即危。夢覺謝海神。痼疾忽已治。古訓毋欲速。斯語是我師。

南郊竹林寺聽鸝 壬戌

晨光涵清氣。南郊有餘研。行行意未已。峯迴路彌偏。忽見古招提。風景尤翛然。叢竹翳厓壑。根與珊瑚連。山房策杖過。聽鸝山房黃鸝鳴我前。睍睆致好語。圓滑似談禪。嚶嚶出幽谷。求友意拳拳。笙和間簧脆。餘韻若風絃。陪話有老衲。照眼無杜鵑。東坡詠七七。詩句徒浪傳。東坡詩。有道人殷七七句。冠蓋非我願。邱壑欲自專。刹那換光景。浮圖插晚烟。

陪韓紫石先生赴東臺安豐場視察泰源鹽墾公司同游黃溯初馬雋卿黃鏡人蔣韶九

齠齔居鄉入家塾。咿唔讀經至豳詩。治道自來本耕桑。此理回溯繫我思。韓子創議安豐場。改鹽爲墾組公司。民如疲馬思芻秣。生計應謀稻粱資。招集流亡勤稼穡。西成忽見萬頃陂。我亦夙抱服疇志。與友東去觀設施。何以分區開溝洫。爲謀蓄水利灌溉。何以畫界築隄岸。爲求輓粟通內外。何以隴畔建茅舍。爲便老稚共懽對。何以隄旁濬巨川。爲供舟子鼓舷枻。我正乘車高處游。萬枰棋局入雙眸。蜿蜒一百有餘里。沙灘倏已萬綠稠。半檐初日齊出屋。戴笠荷鉏呼同儔。夜來飯餘團圞坐。謳歌聲中話秋收。憶昔海壖斥鹵地。一望無涯盡塵壒。今日蔚成棉麥區。淮雲吐出無聲畫。吁嗟乎、人力不求天顧諟。農村自有復興計。生聚還待十年功。風雨同舟期共濟。是時公司紫石任董事長。余與同游諸子充董事。韶九充總經理。

過南通謁張季直先生孝若夜宴於壕南別墅

冀北兵鋒照永明。時值奉直戰爭。海陵景色尚澄淸。淮雲縹緲師儒在。冬日暄妍杖履輕。坐久漸看飛蝠亂。語長偏惹宿烏驚。郎君誼重還相約。一醉壕南寫款誠。

杭州西湖　癸亥

又向錢唐道上游。溪山勝景望中收。六橋柳密鶯無影。三竺雲深蝶弄愁。

半嶺烟霞迷古徑。一湖風雨送孤舟。歸來靜倚闌干立。欲洗塵心伴白鷗。

游甘露寺步沙武曾韻

振衣欲上南朝寺。拾級先登北固山。路接藤蘿臨峭壁。雲開烟樹見禪關。
江含天影迷高下。鳥逐風帆自去還。到此澹然塵念息。老僧底事尚愁顏。

荊齋落成

一棹尋春東沇濱。新居初卜意相親。階前書草初成帶。牆外烟蘿自結鄰。
風月總佳堪小住。溪山有分亦前因。飄零我似營巢燕。贏得江湖自在身。

江照亭　甲子

鎭江關廨舍。原在城北。嗣因交通不便。改僦金山河吳園爲署。余抵任後。思別覓官廨。適海關議斥銀山幫辦住宅。遂給値購爲公署。並在山腰建亭。名曰江照。

懸崖如壁立。在昔鮮人行。移步前還却。囘頭怯復驚。路從鳥道過。雲在樹梢生。喜得山亭址。心營計日成。

我愛山亭好。大江照眼明。風帆爭上下。水鳥自縱橫。晴嶂千層出。寒濤萬鼓鳴。莫言塵世外。到此也心淸。

陪梁燕蓀任振采先生游焦山

凌晨微風浪花輕。中流始覺濤有聲。老衲山下聞客至。雙袖飄舉來相迎。定慧寺名導源自東漢。樓觀櫛比鐘鼓淸。枕江閣上看江景。奔流觸石飛縱橫。帆檣簇簇塞天際。朝曦杲杲映松棚。曾是鄉賢舊游地。長留淸芬薰後生。淸光緒年間。陳寅谷先生在山創辦義渡。並設館講學。出寺柳陰得少憩。結隊競向山巔行。吸江亭前騁遙望。四圍風光入眸明。東瞻沮洳和尚洲。綠疇蕃茂正春耕。西眺蜿蜒京畿嶺。翠黛隱約連山城。文峯古塔倏掩映。象山如几殊峥嶸。蓄秀孕奇頃刻變。氣象萬千令人驚。返程先訪梁髯跡。海西庵裏書滿楹梁節庵先生寓海西庵。藏書尤多。人品自來重德行。較量風節有定評。繞道更探瘞鶴銘。病僧老去拓難精。鶴舫上人以上拓瘞鶴銘碑。今忽抱病。成住壞空本如此。捫讀殘碣寧忘情。徑投松寥閑名喚午飯。鰣魚鮮嫩活火烹。七箸未下涎已墮。豪氣如昔爭飛觥。蒸民菜色常滿眼。撫茲肉食深屏營。何當突兀聳詩骨。還我鹽虀守柴荊。

莊院長思緘招飲同席趙劍秋張旻人周鑑澄吳稼農

草堂清晝負晴暄。儘有閑情亹縷論。弈局眼驚千刼換。鄉山夢戀百花蕃。臨池妙筆書之聖。覺世元音衆所尊。更喜旨多君子酒。開筵惟勸客盈罇。

瀋陽雜詠　乙丑

十四年春，余承陳丈漱六約。赴瀋陽。住交通銀行內。首訪鄭鳴之。略述蘇省政情。次訪翁振伯。參觀兵工廠設備。回憶八年春。曾一度到奉。考察本溪湖鐵鑛。史曜五兄適長政務廳。備荷款待。人事遷移。思之惆悵。

清宮　（清故宮爲有清發祥之地。宮闕壯麗）

金殿淩霄夕照紅。毿毿御柳暗清宮。試探一代興邦跡。松杏山前百戰功。

萬泉

（萬泉俗稱小河沿。爲省城銷夏名勝之地。）

小河沿畔萬燈明。畫舫時聞撥觽聲。多少游人徵鼓吹。青衣侑酒奏銀笙。

瀋水

（瀋水又名渾河。爲日俄戰役中爭奪之地。）

水淺沙明一葦航。牛羊爭渡月如霜。誰教清夜吹羌笛。撩得征人百感傷。

古塔

（唐代建有古塔。矗立西郊御路之旁。）

古塔千尋遠插天。歸鴉杳杳點雲煙。牧童拾級登高立。舉手捫旗似欲仙。

歸過榆關

榆關屹峙控燕遼。海伴雲山落晚潮。過塞驚雷催轉轂。昔人曾此挫天驕。

赴北戴河登蓮峯謁周緝之先生

蓮峯岌嶪瞰遐陬。物外孤雲擁小樓。正午潮音回海角。初晴山鳥喚枝頭。
探幽健步輕黃犢。遺世閒吟伴白鷗。早忝清芬延上客。微名偶竊託同舟。

囘任京江

是年春，張宗昌部隊沿京滬路駐紮。沿線關署稅局派員接替。張令程鎔充鎮江關監督。程帶隊接收。適余在滬。電陳財部李贊侯總長。得復侯疏通後。再行復任。端陽節後。張軍移駐山東。鄭鳴之蒞蘇省長任。余亦同時囘任。

世事如棋本靡常。京江復到意蒼茫。峯含雲氣搖微影。江束天根插大荒。
赤壁重游思往日。黃岡明歲卜何方。人生飲啄原前定。毎念蒓鱸入醉鄉。

舊廨園內觀荷

就荷成癖夢荷頻。轉覺荷香夢更親。雨後鬥粧嬌欲語。風來爭舞暗含嚬。
葉新出水無炎意。花不染泥證淨因。甘與此君同寂寞。冰清玉潔共精神。

壽史丈葆棣六十　丙寅

月中桂子耀清秋。照澈人間一白頭。壽域宏開殊足羨。福田廣種至今收。
兒孫繞膝含飴樂。親友傾心載酒遊。百二年華纔過半。會看花甲慶重周。

贏得身同野鶴閒。銅官高處許躋攀。平章風月滄桑後。紹述詩詞魏晉間。
道貌不隨時共變。童顏偏喜老能還。鯫生忝附葭莩誼。願與賢郎共衣斑。

冬日送繼室任藻芬往上海福民醫院療疾記自甲子年慈親六十生辰任夫人因款客過勞致病及今已三載矣

辛勤主內政。百事惟卿賴。更爲諸兒女。撫育兼教誨。性耽討簡編。才識軼儕輩。微言常啓予。衷懷翕沆瀣。積勞悴厥躬。驀地成痰瘧。療之未見瘳。一瞥逾三載。時或施鍼砭。時或飲藥餌。輾轉牀蓐間。顏容久益憊。今方駕滬濱。就醫不少懈。幸服神山藥。美睡入三昧。旣痞痛稍減。精神爲一快。含笑語稺孩。阿母病小瘥。

辭鎮江關纂商會于筱川陸筱波胡健春餞余于金山寺並在中泠泉建塔紀念

故人餞我金山寺。謂我辭官太早計。我視功名爲幻塵。惟有金山難捨棄。

銀濤弄月飛巖寒。玉梅綻香透春氣。松雲片片落酒杯。花雨紛紛漫天際。雪眉老僧話故實。東坡曾此留玉帶。導我登高看江景。暝烟頃刻變萬態。東望咫尺是鄉邦。岡原膴膴巖壑媚。野鳥一聲破舊夢。歸去重尋新詩意。諸君道我恤民隱。幾年從政留遺愛。濁流萬頃混混中。獨有中泠不同派。好官恰與泉同清。建塔泉旁紀往事。鎮江士紳以余任鎮江關年久。減關稅。修水利。興市政。爰醵資在中泠泉旁建塔紀念。不訾政拙還歸美。虛譽令予心益媿。

移居滬濱

海隅寄跡任西東。匿釆甘居在下中。一室生春和可貴。五車羅籍味無窮。未嫌傭筆塵闤裏。時承陳光甫錢新之兩兄之約。就上海銀行公會書記長。已分觀棋霜橘中。猛憶東坡懷舊什。人生總似雪泥鴻。

第二（自民國十六年訖二十七年）

中秋邀鄧召蔭程天固湯筱齋鍾颬香樓企任李芑均蔡亞常夜游玄武湖　丁卯

重入計曹欣有儔。秣陵風物又中秋。香飄金粟堤邊路。影倒晶波水上樓。
才思漸將成弩末。貪瞋未許到心頭。最難良夜邀羣彥。佳處流連月下湖。

冬日偕博秉常梁均默陳君樸游掃葉樓

六朝古寺色蒼蒼。雪後同游興轉長。世事幻如蝴蝶夢。遠山淡似鷺鷥粧。
檐間霤滴斷還續。檻外雲飛低復昂。今日登樓塵慮淨。冰清玉潔一身藏。

金陵雜詠

周孝侯讀書臺

孝侯忠藎撼風雷。鶴唳華亭去不回。人與山河兩沉寂。朝曦猶照讀書臺。

明孝陵

皇覺寺中一異人。手提三尺掃胡塵。孝陵憑弔嗟荒寂。遺像猶存祀未湮。

鷄鳴寺

臺城烟樹鬱蒼蒼。古寺昏鴉噪夕陽。懺佛應憐梁帝老。塔鈴無語賸凄涼。

雨花臺

花雨紛紛天上來。高僧一去剩荒臺。祇今龍虎相持地。登陟惟尋歷刼灰。

牛首山

山如雙闕闢天門。荒徑長留屐蘚痕。舉眼忽驚梅似雪。幽香裊裊出雲根。

莫愁湖

晴波萬頃入雙眸。肯信人間有莫愁。秋水無情何處去。潺潺日夜繞山流。

秦淮河

畫舫笙歌夢似烟。秦淮春水自新鮮。嫣朱膩粉迎前渡。點點楊花撲酒船。

燕子磯

閒雲偶過石磯旁。飛燕瞰江欲遠翔。風細中流平似砥。布帆片片映斜陽。

桐廬乘舟謁嚴子陵釣臺　戊辰

凌晨放越舲。淺碧逐風萍。遙指釣灘影。虔通處士靈。盟心在江水。舉足動天星。久羨神魚味。輕橈柳外停。

病懷

臥病兼旬怯嫩寒。懨懨愁緒起無端。早年意氣行雲過。浮世功名流水看。警信頻傳憂國切。文思漸絀著書難。鍾山晴翠猶如舊。卷幔吟望强自寬。

朋溪小築落成　己巳

小茅山爲一家青。遙向吾廬作畫屏。倦後閱書常恍惚。閑來訪舊半凋零。晚涼曲樹留農話。風定澄潭看月形。借問都中名利客。何如此地樂餘齡。

秋爲萱兒授室晚夢前妻孫純真醒後有作

庚戌年二月十日。前妻獲舉一雄。深以爲慰。孰料分娩後。卽攖疾。遽於是月二十八日棄世。今距產兒病歿之期。忽忽已二十週年矣。

廿年生死隔。一旦夢相逢。夢中深語我。呱呱已兆熊。彷彿多喜意。分明含懽容。眷眷望子切。亦與平生同。旣寤形影杳。凄然情未終。感念當時事。驚心一轉蓬。如何歲月改。經春又徂冬。兒長爲娶婦。家庭樂融融。兒婚汝未見。思之涕沾胸。人生似委蛻。恍悟萬緣空。

宜興中學六週紀念會感賦　庚午

民國十三年，余與陳漱六任振采沙武會先生創立宜興中學。同任校董。假荊溪試院開課。分高初中兩部。首任校長爲胡雨人先生。對校務主急進。余等尊重其意。勉力以赴。旋在城南近郊，購校地九十餘畝。建教寢自修圖書辦公諸室。以及闢路濬河建橋。布置園林。百廢俱舉。並爲注重職業起見。初在蜀山鎮添設陶業專校。附以陶業工廠。次將高中改爲農業專科。於西氿旁。自闢農場。爲學生實習之所。雨八因病去職。李玉彬先生繼其任。亦能蕭規曹隨。力圖改進。本屆六週紀念。同時亦爲大禮堂落成典禮。余于校務視如私事。昕夕籌劃。幸免隕越。用紀以詩。

昌學先育才。班班在史册。成周庠序盛。絃歌動阡陌。下洎蕢爾鄭。鄉校戒摧抑。養士貴有方。樹人誠所亟。茲校聳南郊。髣髴塵外宅。池水翻淸綺。岸柳曳新碧。講舍如櫛比。書城似雲積。今晨臨盛會。俯仰感今昔。前賢推鄭康成胡安定。淑世著偉績。齋額顏經術。里名署通德。所望諸講席。衛道勤培植。桃李迸芳妍。萬樹靚春色。周官著陶人。豳風重農殖。分科期致用。實習守定則。所望諸學子。進修蘄博識。勵志振衰微。濟世溥德澤。始基固奠定。築室待盡力。薄藹影漾軒。羣峯翠潑席。境幽心自怡。事蹟誰爲役。欲話已忘言。忽忽日將夕。

偕雪堂宗兄游中山陵

石闕崢嶸映曙暉。煙消喜見五雲飛。扶笻躑躅陵園路。松韻篁陰翠滿衣。

天童寺　辛未

太白峯高天外青。獨來古寺影隨形。（天童寺，在太平山側）孤僧已去斜陽渡。野客猶留待月亭。潭底隱龍慵作雨。（寺有龍隱潭古跡）燈前瘦鶴慣聽經。泠然夜半疏鐘響。遙和松絃入畫屏。

普陀山

老母曾渡海。謁禮觀世音。盛道佛力廣。花雨倏成霖。我久慕其地。今獲愜寸心。名山杳在望。艤舟快登臨。茲山尊上國。環海氣象森。人天吹衆籟。發我詩興深。前山有何寺。普濟（寺名）矗疏林。近步潮音洞。清響疑鳴琴。後山有何寺。法雨（寺名）聳高岑。遠躋佛頂嶺。朝曦延碎金。山中何所住。慈雲覆綠陰。山中何所食。長鑱劚丹葠。每念芸芸衆。迭被横流侵。惟願仗佛力。悲智拯陸沉。母昔春間過。我今秋中尋。影留普陀路。聲應南海吟。

王惜寸竺芝珊先生招游雪竇寺

明州山水窟。溪口尤瑰麗。遠澗忽雷馳。危深下淸瀨。竹筏代小舲。涉波如歷塊。躡嶺屢延佇。景似摩詰畫。入寺雪竇寺老僧迎。巍然琳宇大。萬壑帶松聲。梵音聞上界。高臺妙高臺摩蒼旻。雲展銀河挂。三面聳絕壁。古樹籠碧藹。峻巖千丈巖懸飛瀑。劈崖濺玉碎。白練垂千丈。空中起天籟。山深去俗遠。澄心與冥會。亢蹤仙客游。曠然爲一快。

萱蔭堂義莊落成

賈氏世居蕭塘。吾母以人生于世。當有益于社會。而宗族本枝相連。尤應盡力扶翼相詔示。昆季謹受教不敢忘。二十年春。余與仲謇叔偉撥出田二百七十畝。暨本人所有泰源鹽墾公司田五百畝爲義田。又購地建築莊舍。附設小學。訂立規條。俾垂永遠。　壬申

屈指數鄉賢。我思范文正。首創義田制。加惠徧同姓。視族如路人。習俗

成通病。奮起矯時弊。後世景義行。吾母敦宗誼。施與不稍吝。休戚原相關。諄諄垂彝訓。昆弟詎敢忘。合力發初軔。置田謀祖息。建舍闢萊徑。何以推教育。設校授童齔。何以謀養濟。集貲助寒畯。汲汲培本源。藹藹互愛敬。見賢常思齊。篤行重審問。朋水（朋溪支流。環繞莊側。）頻迴環。萱蔭永清潤。舉首望邑峯。秋聲遙相應。

日寇侵滬遄返故居

日軍入寇幾回遷。（始遷蘇州。再遷無錫。三遷潛橋故里。）遷返故鄉景物妍。不是武陵眞福地。如何雞犬亦神仙。

偶逐漁翁泛釣船。艪聲搖破暮天烟。舉頭瞥見茅山月。却挂東溪溪樹邊。

自適

吾生庸碌有何思。世事紛爭無了時。寬厚人皆嘲我拙。精明我却笑人癡。鶴鳧雙脛長還短。鵬鷃分飛疾與遲。萬物性能原不一。各求自適任天爲。

開封登鐵塔

鐵塔久知名。高推大粱冠。八稜十三級。杳杳插天半。我今寄其巔。千里遙相看。北去極幽薊。南邐跨江漢。黃河如襟帶。危堞儼几案。野老呼作鐵色相遽難斷。金剛有不壞。鐵柱終朽爛。天風忽吹衣。溽暑頓消散。那知書生狂。仰天喟然嘆。人情耽一快。往往遲材幹。收功尚未遂。覆敗堪把玩。撫事多悽愴。百年幾治亂。英雄如過客。城郭同授館。不見鐵瓮城。年久物亦換。

匡廬游詠

忙裏抽身得少閒。秋光催我上廬山。幾人領略游山趣。看盡濃妝淡抹還。

牯牛嶺

嶺似牯牛疑幻塵。山僧遙指去來因。炎天難得清涼境。遠客停蹤笑語頻。

天池寺

天池古寺與雲浮。江上青山一眼收。鐵瓦斒斕今尙在。圓音遠度虎溪頭。

黃龍潭

山泉曲折瀉淸潭。峯影篁陰一鏡涵。飛瀑排空懸白練。吼聲渾似戰方酣。

含鄱嶺

嶺上松篁護綠苔。鄱陽遙向鏡中開。汀沙出沒渾無盡。帆影縱橫浪作堆。

海會寺

入寺老僧帶笑迎。倚窗最喜午陰淸。參天五老如龍臥。繞屋萬松起籟聲。

五老峯

風帽霞裳一笑逢。千年冰雪瀞癯容。棘猴豆馬論功力。巧藝還逾五老峯。

白鹿洞

峯回遙見碧崖懸。古洞橋邊聽管絃。知是當年文敎地。晦翁曾設講經筵。

東林寺

東林古刹喜重興。古宿宗風得未曾。誰識文殊臺畔路。我來端爲訪高僧。

別廬山

七日淸游半賦詩。歸帆恰值上燈時。陡然天半雲烟斂。身墮大千有所思。

東北失陷書憤

我昔游遼東。地厚土平曠。白山與黑水。形勢孰與抗。關外多英豪。歷代出名將。淪陷忽年餘。北望增悲愴。否極泰將來。易理細推量。猶冀垂老眼。重覩山河壯。

由京乘機飛漢口

淸晨入機場。鼓翼向西駛。促膝感枯坐。瞬息已千里。匡廬培塿齊。大江衣帶水。目眩難逼視。心驚且狂喜。神仙詎易求。身乃凌空起。御風列禦寇。

一笑差足比。

武昌寫懷 癸酉

江漢曾干役。情猶繫柳絲。耆英原舊識。俗尚喜先知。施政宜崇實。除苛爲起衰。書生圖上理。補救詎容遲。

滄海橫流日。悄然獨念羣。四郊多壁壘。萬姓望耕耘。衙鼓催人老。官書勞夜分。徘徊窗外立。祈雨看春雲。

晴川閣遠眺

晴川在何許。檝師吸未休。先辨東西路。沙岸停小舟。磴危不受履。仄徑阻且脩。摳衣陟高閣。曠然心悠悠。漢水遠來會。龜峯（龜山）墮前洲。（鸚鵡洲）聳翼嬌欲飛。巋然俯江流。檐角半攲側。頗涉傾覆憂。正如嶔崎士。特立寡侶儔。蜿蜒蛇嶺（蛇山）影。凄涼楚客謳。遙矚伯牙臺。近指庾亮樓。賢豪都已矣。倚欄起暮愁。

任支少甫失蹤

聞說渡江爲訪道。緣何蹤跡不分明。天涯遍訪無消息。一慟憑誰問死生。

游嶽麓山 甲戌

夏，道過長沙。游嶽麓山。重尋黃克強蔡松坡兩氏之墓。追憶丁巳春，舉行國葬典禮。余赴湘參加。忽已十七年矣。

午向嶽麓行。青秧夾小路。崔崒亘天表。亭閣出雲霧。盤曲拾級登。泠泠清泉注。探奇懷曩昔。如駛光陰度。黃蔡風格峻。舉世夙欽慕。茲游氣象殊。曳筇瞻名墓。黃塋高且爽。危崖走狐兎。闌欄經風霜。既頹復加堊。蔡冢清復幽。殘碣雜枯樹。苔階漸傾斜。舉步生恐怖。憶昔國葬時。恍然在指顧。萬人含淚祭。素車似棋布。孰意時代遷。觸景傷情愫。事物皆幻象。盛衰有定數。天籟互酬答。靜觀得深悟。白日忽西墮。宇宙入薄暮。歸渡湘江水。吞吐欣如故。

武當山

昔觀太嶽圖。心中有所疑。畫師聊戲耳。故炫丹青姿。今日到均陽。神爲造物移。乃悉畫圖妙。未盡武當奇。晚宿紫霄宮。晨過南巖谿。懸瀑在空霄。隱聞聲似雷。午登天柱頂。金殿環以臺。椅欄舉目望。萬象入我懷。七十有二峯。峯峯盡險巇。高者如翔鸞。低者如伏獅。或距雲際立。或挾塵埃馳。飛匡凌欲墮。削壁勢將攲。倏忽千萬態。畫工邈難追。歸途尋舊轍。雲深已不知。憶昔明建文。骨肉相差池。敝屣萬乘尊。尋訪羽衣師。封嶽興土木。經營靡已時。一旦時勢易。宮闕成茅茨。我今來憑弔。笑他徒愚癡。試問修鍊者。幾人遇安期。

偕夏賦初自均州乘舟赴光化

巡方鄂北問痌瘝。漢水悠悠鼓棹還。一笠春陰均口雨。滿船嵐翠鄧陽山。櫓搖塔影蹤無定。風送鐘聲意自閒。浹漈流民圖畫裏。如何畫策濟時艱。

偕胡君葧吳季惠夜宿赤壁東坡祠

我來無復見孤鶴。隔岸西山眼底收。江上鏖兵傳赤壁。亭前作賦自黃州。英雄名士今何在。明月淸風古所留。夢裏欲尋舊羽客。莫辭夜宿景蘇樓。

歲首述懷　乙亥

一官江漢羈塵網。却喜名賢常往還。人未放歸吳下路。天敎看盡楚中山。取民惟恐財源竭。節用恆思物力艱。刼後餘生重蘇息。憂時未老鬢先斑。

首都陽羨邑館落成新歲聚餐

余與錢企裴杜紹棠潘秩四宗伯宣供職都門。咸感邑館之需要。爰先購置國府路東首漢府街之地。集貲興築正廳五楼。旁列雜屋。並闢園林。落成於民二十三年十月。榜其門曰，陽羨邑館。次年春邀同鄉聚餐。余因與會。賦詩一章。聊抒胸臆。

城東苑囿鬱璘彬。風日煽和與歲新。里閈耆英會裙屐。園林春物樂陶鈞。

壺觴角飲分賢聖。燈火增輝雜主賓。美景當前須記取。笑看梅柳豔江津。

二弟仲容告窆詩以誌哀

故園春色正芳時。忽謝荊花第二枝。最是傷心難復見。但憑入夢慰相思。

再爲手足期來世。一別人天剩此悲。聽說病危頻問訊。阿兄已未有歸期。

問疾錫山纔浹旬。俄驚永訣倍愴神。昔時屈指推狂士。此日同聲哭善人。

每念兒多勤篤耤。翻因家累話艱辛。而今疑是前生夢。月墜西巖盡幻塵。

今日登淮西寺

三面江聲擁翠鬟。淮西亭畔豁心顏。幾經兵燹餘荒寺。歷盡風波是此山。

寥寂便疑臨佛地。扶搖直欲上雲間。滿巖竹石皆幽絕。笑語老僧相伴閑。

偕孫幾伢兒游衡嶽

衡嶽具雄姿。飄然若仙客。雲烟互出沒。色相罕定跡。我與吳下孫。夙攖游山澼。來此共盤桓。跬步異今昔。晨策南嶽廟。靈殿生虛白。繞道絡絲潭。懸流搖澄碧。旋陟祝融峯。狂風撼勁柏。衆山環以列。隱似八卦畫。晚宿上封寺。高矗據龍脊。於以看夜月。素娥窺衽席。於以觀朝日。赤烏吸金液。掃苔讀舊碑。奥義誠難釋。歸過藏經閣。梵音在方策。古樹羅庭前。清池嵌巖隙。凝睇磨鏡臺。鏡亡遺砥石。緬想七祖塔。祖逝留奄岁。遙思今廬夏。萑苻溢藪澤。民生且不贍。奚暇蠟雙屐。吾徒走物外。似鴻張六翮。此皆屬偶然。徙倚聊自適。衡峯七十二。峯峯俱隱僻。他日尋一邱。幽棲老此宅。

九九消寒會次孫淑人韻

更番嘉會證心期。急景頻驚歲月移。正欲清言賓忽至。相逢薄醉我何辭。
地疑北郭聯吟處。人似南樓雅集時。仙子瓊姿素且馥。春光暗透有誰知。
哀鴻正苦迴祁寒。却喜暄和霽意闌。起敝終須人力盡。回天敢說此心殫。
窗梅弄影萉初綠。爐火烹泉餤似丹。刼後災黎猶待哺。如何畫策共壺飡。

五十生辰　丙子

五十知非蘧伯玉。漫將身世比前賢。步趨不落青年後。健爽渾忘俗慮纏。中外宣勤微物論。貨泉冥討有書傳。老梅破萼含春意。相與婆娑枕石眠。

最喜慈闈康且壽。白華詩裏慰烏私。著書味永燈殘後。憂國情殷夢覺時。少日漫思雲出岫。老來惟愛鳥還枝。故鄉尚剩東坡跡。船入荆溪有所思。

挽楊暢清先生

天心方瞶瞶。正氣獨觥觥。不畏求全毀。益成蓋代名。前塵一回首。燕京始識荆。忽忽廿餘載。滄桑屢變更。公始列議席。氣象已峥嶸。公繼長桑梓。民物樂咸亨。健翮振朔南。令聞溢寰瀛。聯袂留歇浦。話舊篤交情。四郊正多壘。誓死掃欃槍。偉論懾四座。碩畫安羣氓。遂受特達知。驥步益縱橫。我迺來鄂渚。計政勉持平。會少離苦多。宦轍各分行。春秋幾屈指。引領空勞神。忽傳我公來。中流天柱擎。元月朔就職。江漢蜚英聲。擘劃仰弘毅。撫字推精誠。從政纔期月。四境漸澄淸。囑余巡鄂中。遙堤視工程。堤袤計十縣。賦命繫匪輕。豈謂一夕隔。石破復天驚。流血五步內。竟作武元衡。蒲騷得急電。傷重尙冀生。詰旦返漢皋。愕然弔客盈。誰歟狙擊者。乃自壞長城。嗚呼公之亡。朝野感悲縈。顧維同舟誼。曷禁涕淚傾。齋奠肅牲醴。芬芳薦杜蘅。凄凄草自碧。浩浩月空明。俚詞當一哭。留待史官評。

挽黃膺白先生

文星方墜地。陰翳正彌天。舉世推山谷。家風繼潁川。京華懷結識。翰墨重因緣。雅度澄千頃。論交歷廿年。關河分宦迹。肺腑每情牽。革命紆籌策。邦交賴斡旋。當機能見大。赴義獨爭先。經國從周誥。求賢泯儞前。遺書堪勵俗。易簣尙輸邊。三楚驚傳耗。初平已證仙。悲深黃歇浦。魂返莫干巔。企望名山業。留存史乘宣。

立春德兒與秦女士舜華在京訂婚　丁丑

漢水歸來無限懽。庭前雙玉幾回看。天心巧趁團圝會。春意融融慶履端。

梅花香裏話三生。爲謝賓朋多厚情。應作百年偕老節。冰人此日證鴛盟。

挽蔡紹先

空裏浮花夢裏身。故園東望倍傷神。相從客地勞籌策。常向家山話苦辛。

握手憶曾留後約。還鄉何遽了前因。劇憐芳訊猶如昨。爲道來程及早春。

春陰漠漠去無痕。君忽騎箕叩九閽。六秩衰翁搔白髮。三齡稚子哭黃昏。

嘔心長吉原傷性。消渴相如種病根。忍向婆溪尋宿草。前塵回首黯銷魂。

重九思歸

一官久滯等浮雲。留固懽然去亦忻。擬向邱園尋舊夢。却從朝市得新聞。

無端牛李喧羣口。忍覩河山染寇氛。倘許扁舟東下日。荆溪黃菊對斜曛。

夜宿鷄公山

昨夜纔經武勝關。今宵却宿鷄公山。岡巒幻作丹禽舞。野色孤懸鈎月彎。

蔚矣花冠聳砢礒。爛然錦翼翠回環。盪胸不盡風雲氣。夢裏如聞奏凱還。時值淞滬之役。

挽熊秉三先生　戊寅

壬子春，始謁公于滬上。時公長財政。調余充部曹。越明年，公任總揆兼財長。適余長會計司。復以余兼國庫司長。嗣僑寓京津滬等處。過從宛如家人。去年冬，爲小兒德懷證婚。公猶矍鑠如常。不逾月，歿於香港。哭之以詩。

大地罡風吹烈烈。氣象愁慘天欲雪。朔報飛來尺素頭。南嶽忽驚一柱折。

追溯我公正少年。丰神俊逸玉堂仙。文章經濟傾海內。抱負澄清志慨然。玄黃反覆淸運終。燕京物望屬我公。得志便施天下雨。卷懷不履新華宮。救時才未盡推展。太息神州復昏墊。濁流千派尙撓淸。不問政治問慈善。痌瘝廿載馳南北。芸芸衆生咸食德。仁心仁聞溢寰區。已飢已溺追禹稷。孔席墨突不安居。忽忽行年七十餘。況復滿眼烟雲起。塡膺世難神游虛。我從扶桑歸舊京。瓴甋細響名未成。猥以不才邀青眼。齒牙獎借揚于庭。斯時國步初改革。救國曾書萬言策。追隨數載研討多。犅于計政有建白。邇因典財羈鄂渚。每懷杖履覓趨阻。側聞老健猶如昔。矍鑠精神天所與。憂時到老心彌篤。疆土日驚百里蹙。驀地噩耗南天來。公誼私情並一哭。風塵澒洞羽書馳。鋒鏑餘黎靡孑遺。海宇何時得清宴。冥冥慰公地下思。

題陶俊人小照

同官計部憶前緣。物我兩忘意適然。詩酒笙歌娛到老。世間尚有地行仙。

夏日留別在鄂友人

爲謝羣公餞我行。媿無才可濟蒼生。儉將廉養猶形齋。寬爲人知已近名。六載憂勞歸物論。一樽依戀見朋情。楚邦未忍輕言別。黃鵠磯邊意緒縈。
久宦何事乞歸田。疾疢偶攖志益堅。主計幾窮匡國策。感時復憶老親年。柳陰薇道如留客。水色含烟欲接天。胡馬蕭蕭聲不斷。倚燈危坐倍悽然。

秋與顧季高泛舟荔子灣

風流自古話南邦。荔子灣頭泛小艭。正是故人逢異地。片雲相引入珠江。

雨後涼風入抱淸。亂山遮道似相迎。甯知吳下流離客。忽向天南載酒行。

初到渝城

風起江頭冷。巴山放午晴。雲深孤日隱。地暖萬花迎。蜀酒濃如蜜。山茶白勝瑩。時艱容小住。新膽遠來情。

成渝道中

浥塵飄細雨。知是近重陽。襟襲風逾爽。車飛路正長。涵虛沱水綠。銜日蜀山蒼。獨喜江籬下。菊花已半黃。

武侯祠

古柏森森處。肅然丞相祠。聯吳多苦語。伐魏不辭危。預定三分局。仍勞六出師。丹心照日月。永繫後人思。

工部草堂

飄泊依嚴武。草堂倚野筠。麻鞋趨故主。草疏救元臣。詩寫丹忱切。饑驅白髮新。平生稷契志。浩氣塞峨岷。

青城第一峯

爲愛青城好。來登第一峯。雲歸疑地縮。路轉覺苔濃。採藥巖前去。研丹月下逢。上淸宮尙在。何處覓仙蹤。

眉山懷古

眉州山水互隱現。絕似江南古陽羨。三蘇勝跡未全湮。遺址三蘇遺址。一部作中學。一部作公園。猶存足瞻戀。憶昔東坡守常州。時作陽羨汗漫遊。爲道扁舟入荊溪。意境軒然林木幽。况復山勢雄且秀。隨處有類蜀中岫。遙指一峯名蜀山。父老相傳今如舊。我家陽羨久遠離。世亂年荒重客悲。眉州道上疑故鄉。是耶非耶勞夢迫。

夜宿清音閣

一枕峨眉宿。泠泠萬籟聲。事過隨夢斷。禪定得心清。出寺梵鐘遠。隔峯佛火明。遙知孤島上。（近人稱滬上爲孤島）。兒女話歸程。

金頂歌

畫圖曾覿三峨景。鬼斧神功闢幽逈。初疑畫師爲戲爾。人間那有此仙境。今日乃造峨眉巔。大荒漠漠見金頂。孤高突破梵王宮。天半巋然弄形影。銅塔日照仍凝冰。鐵瓦風掀似殷霆。造化孕育焉可誣。作歌聊喚塵夢醒。金頂之名傳四方。幾多人來看佛光。天霽兜羅雲晃蕩。宛似大海波茫洋。日氣上浮銀色界。彩暈周匝生光芒。人立其前影似繪。取義攝身光可望。雲氛聚散光各異。映物絢蒨名無常。渺兮與佛有何涉。證諸虹影理彌彰。深夜殿後來老僧。促我偕往觀聖燈。披衣抖擻曳笻行。衝寒直登最高層。無月無雲黑惛惛。千點萬點忽昇騰。大者如碗小似豆。黯者如螢明似星。閃鑠靡定光漸斂。斂至于無又流熒。此或山下人間火。見許欽文峨眉憶游。與佛爲緣有何憾。一睡達旦雨初霽。萬佛頂前騁遠睇。東望紅日出扶桑。丹霞萬道矜美麗。天爲之赤地爲赭。髣髴僧飄袈裟袂。西眺雪山限華夷。積玉調脂挽高髻。參差峯巒勢崢嶸。但見山與天爭界。天風浩蕩氣莽蒼。萬象虛明紛納芥。名山第一是峨眉。金頂高標出世姿。舉世山川半烽火。此區民物獨安綏。雲海瀰漫晴虹媚。明燈譎幻雪山奇。且向圓光攝身影。更從暘谷看朝曦。美景當前方細玩。呼童報與普賢知。

烏尤寺

鏡裏烏尤踞水漚。巍然古寺俯江流。路經絕壁濤聲響。門對靈峨翠色浮。斷續漁歌喧遠渡。參差竹影動清秋。起看吳楚風雲急。誰伴山僧話去留。

第三（自民國二十八年訖三十三年）

元旦由渝城飛昆明　己卯

兩翼摩天出宇寰。雲霄影裏一身閑。恰逢元旦人爭樂。飽看天南萬疊山。

西山龍門

龍門聳峙出雲顚。下視紅塵意脩然。到此襟懷彌遠大。滇池涵碧鏡奩圓。

龍泉寺唐梅

龍泉古寺梅多綻。南國冬深尙未寒。寄語梅花且靜耐。枝頭着雪再來看。

河內玉山寺

寺前碧水浸長空。往事淒涼感慨同。八十年前安南割於法。隔岸誰家松影外。梅花斜裊一枝紅。

海防參觀游藝會

越南士女夙風流。絃管紛紛逐勝游。冬月如春無限好。回思家國却生愁。

生辰僑居香港

正月四日花如雪。五十三年鬢似霜。春氣漸濃殊可喜。老懷生感自多傷。中原慘淡胡塵暗。異地飄零海色蒼。家在江南歸不得。何堪對酒話滄桑。

九龍登宋王臺

（宋帝昺曾駐蹕於此。）

偶到天南覺路歧。宋王臺畔步遲遲。墟煙隔水淡痕合。榕葉迎風疏影移。復國久歸孤枕夢。古菴臺旁，尚留古廟。空伴寢園基。江山多少興亡恨。只有濤聲似舊時。

晚秋

晚秋如困臥。天地忽含悲。驟雨千山暗。寒飈一雁馳。風光隨處換。清味過時知。不見東籬菊。螢花正弄姿。

山居

異地飄零客。山居似坐禪。世緣隨夢遠。舊病歷時痊。氣以養和健。神從得道全。案頭尋舊冊。惟有老莊篇。

晚宿西林寺

古寺依山麓。清光一望收。碧波翻月影。雪浪蹴雲頭。說法心無礙。棲脊夢亦幽。禪機隨處悟。最要是無求。

月下泛舟香海

泛舟趁月驚鷗夢。月下羈人影問形。漁艇飄搖如亂葉。燈光閃鑠似繁星。歌聲唱去鳴還咽。鳥語喚來續復停。海嶠遲留無限感。不知山色為誰青。

晚游升旗山

晚來步向山間去。路過寶雲路名。專作行人道。風景頗幽。幾度停。似虎濃雲吞落日。如弓新月彈流星。誰家笑語衕林出。何處溪泉激石泠。去住無心隨遇樂。人生原是一浮萍。

書感

浩劫茫茫年復年。兵戈阻絕涕漣然。江南壁壘飛燐火。薊北旌旗斷野煙。世難飽籠懷袖裏。鄉思愁到鬢絲邊。遙看鷸蚌相持急。海上漁翁喜欲顛。

南國

南國冬深何所似。似他吳下暮春天。奇花滿地香方喜。羈旅爲家爾獨憐。老去更思招鶴隱。閒來數得伴鷗眠。流年幾度心無礙。說與山靈有夙緣。

憶三弟叔偉重慶

鉤輈狖鳥語。慘淡蠻烟風。嗟茲異國景。旅懷無懽悰。忽憶分袂日。元旦春意濃。別來夏徂秋。轉瞬已初冬。塤篪侶與和。此味樂融融。勿云不相隨。

心逐渝城東。蜀道古稱險。巨川夾危峯。時平猶難見。况在亂離中。

憶歸復愁歸

憶歸復愁歸。白樂天句此語信非虛。撫序緬前塵。欲言復踟躕。在昔數文物。首稱古三吳。無何戰雲起。隨處是迷途。客秋回滬濱。烽火餘殘墟。今夏又遄返。轉愁風俗殊。心如驚弦鳥。身似失水魚。每感世變急。未嘗襟懷舒。自來海嶠住。俯仰與化俱。抱茲貞剛質。聊以息吾軀。歲月不長駐。人事久相疏浩劫有時弭。終當還故廬。

觀心不觀迹

觀心不觀迹。白樂天句斯語耐尋繹。閒來有所思。俯仰感今昔。昔雖居要路昕夕多怵惕。塵網動羈絆。每覺寰宇窄。今雖在異方。歲時無牽役。雲山作伴侶。轉尋俗緣寂。人壽不滿百。白日駒過隙。我年已踰半。玄鬢忽斑白。儻然脫名韁。奚計通與塞。陶然遺物累。遑問損與益。無欲亦無營。境隨大化易。所以慰孤蹤。靈臺常自適。

答渝州故人

昨夜月如水。萬里共一色。曉來得尺書。知是君相憶。開緘何所語。念我爲羈客。感君存問意。吐我胸中臆。風雲彌宇宙。關山聞羌笛。中原名勝區。轉眼成荊棘。我生命漂泊。渺渺無終極。和戎士所悲。憂國心難釋。誰能提萬騎。四出掃羣敵。意氣尙豪邁。義憤競推激。託足香海南。思逐渝州北。兩地雖遙隔。久當圖良覿。翠霞橫谷口。綠竹穿山腋。媿我性疏放。謝君情溫繹。

觀舞

銀釭高照夜將深。鳳翥鸞翔赴曲音。隱爲羈人消旅思。差舒少女惱春心。細腰曼引輕身轉。緩步婆娑貼地尋。舞罷出門同一笑。寒星數點月初沉。

侯王廟

亮節楊侯王諭法祠前萬木森。横流滿地此登臨。松陰墮霧濃無影。澗水穿林靜有音。末路淒涼辟帝夢。一生憔悴老臣心。客懷不斷滄桑感。坐看天邊落日沉。

壽陶俊人六十

我讀陶子詩。曠懷眞高騫。一生無我相。到處有人緣。憶昔與締交。忽忽三十年。道義互砥礪。文字共精研。辛亥應部試。金榜君列前。春明從公餘。崇論燭機先。己巳滯秣陵。戶曹鵷行聯。每過浮大白。時亦伴翠鈿。戊寅來香島。吟閣常招筵。劇談無倦色。兀坐靜如禪。光陰駒過隙。世事遞嬗遷。喜君性洒落。觸我情拘牽。中原猶戎馬。壯志吞山川。昕夕籌國計。剛介節彌堅。君歲今花甲。玄髮看華顚。生辰多美景。婆娑花月天。老妻詠齊眉。兒女燦比肩。孫枝競挺秀。顧盼渾欲仙。願言逢太平。長嘯賦歸田。學稼復學圃。俯仰終南阡。杲杲東海日。泠泠南山泉。媿我昧六義。祝君椿八千。

除夕哭母

萱堂戢影暗江城。噩電遙傳血淚傾。半島（香港又稱半島）。瞻雲無限痛。殘年陟屺若爲情。哼類忍誦衐陔句。世亂猶遲歸葬程。苦塊餘生依削杖。淒風颯颯旅魂驚。

偕黃溯初劉放園游兵頭公園　庚辰

名園依海嶠。躋屩共登臨。地僻烽煙靜。花明雨露深。風光搖未定。春夢（去冬、寓麥當奴道。常到此園。）杳難尋。心逐飛鴻去。南來待好音。

端午

去年除夕，先母壽終滬寓。余格于滬上情勢紛亂。遂于正月十一日在志蓮淨苑設奠成服。

春初哭母蓮花寺。端節重來跡已陳。坐聽鳴泉疑哽咽。行看遠岫帶愁顰。家山邈邈歸無路。雲海濛濛寄此身。惟有棲寮修淨土。佛光照處絕纖塵。

夜夢先母以金剛經忍辱仙人四字相勖

晚夢歸申江。蘐堂見顏色。誦經聲低微。禮佛貌謹飭。事畢握兒手。問兒近如何。兒說境迍邅。隨處涉風波。答云金剛呪。救難指迷津。世途多艱險。忍辱是仙人。覺來淚滿枕。斜月穿扃牖。夜半東北望。魂魄今安否。

中秋偕溯初放園暨胡敍五游香港仔

去年八月十五夜。申江繞膝奉萱親。今年八月十五夜。香島隨朋步海濱。冷露滴殘花濺淚。峭風初動浪翻銀。月華依舊萱堂寂。自痛天南作鮮民。

不眠

夜深搔首倍憂煎。海嶠重來又一年。燕子飛迷陽羨雨。杜鵑聲徹秣陵煙。事因追憶翻成惱。心未能收那得眠。同伴少年都鼾睡。機聲軋軋過南天。旬晚三時。由港飛渝。

重九

海嶠逢佳節。登高哀以思。烽烟隨路遠。桑海與時移。野菊經霜老。閒雲返壑遲。陰霾濛宇宙。游子欲何之。

久病

一病經三月。西風入骨涼。懶貓隨我睡。黠鼠爲饑忙。體弱心猶壯。神閑氣自強。夜深排藥物。兀坐待晨光。

哭母小祥

哀哀我慈母。壽終己卯冬。病未能奉藥。危未能視容。悲哉不肖孤。客夢水雲重。節序似水流。顏色尚宛在。風前泣瘦影。露下泫殘蕾。今夕復何夕。荏苒忽一載。遙念滬與渝。几筵同薦羞。白雲飛天外。形貌隔悠悠。長痛母在殯。炷香淚難收。世亂遇窮年。淪落滯異國。家山盛干戈。欲歸不可得。何時見承平。營葬盡子職。

元旦次湖初原韻　辛巳

爆竹聲中獨悄然。棲遲異地又新年。故人執手疑春夢。環海驚心看甲船。
眼底風雲彌宇宙。與餘談笑入詩篇。幾時共醉巴山月。細數游踪野店前。

重九與許性初何西亞朱福奎夜游

風雨重陽忽晚晴。相逢同作海濱行。疏燈自照危橋動。新月初懸暮鼓鳴。
南菊三逢人共老。北鴻乍過影猶横。香江久住歸心碎。肯信吾儕避世名。

春日自香港脫險返滬　壬午

南國騷然戰釁開。獨憑闌檻似驚雷。垂天鐵鳥雲端下。吞嶽樓船海上來。
市語紛傳易幟速。羇人爭欲覓舟囘。三年作客渾如夢。一棹端歸餘悸哀。

冬奉母櫬歸葬

亂離無處不傷神。況値間關營葬親。零落友朋勞執紼。淒涼里社憶前塵。
雁行哀動巴山外。鶴馭迎依浯水濱。戎馬聲中心事了。母恩未報淚霑巾。

自滬瀆之淮東

爲保貞介質。遠作淮海游。時序將遲暮。道途復阻修。初出黃歇浦。兀立類楚囚。繞道南徐口。屏息過寇讎。繼過邗江上。攜物任取求。隨處多留難。豈堪心並憂。自來安宜(寶應)北。曙色開平疇。久罹樊籠裏。一旦返自由。淮水環我側。淮雲照我眸。俯仰憑化遷。坐看夕陽收。

壬午歲暮次成翊青韻

重逢淮海上。談笑挹丰裁。救濟留闓澤。匡扶仗俊才。寒梅看怒放。稚竹尙新栽。屈指中興日。春風滿玉臺。

鄉國關懷久。慚無貢獻多。度支新筦鑰。破碎舊山河。足食勸儲粟。撫時欲枕戈。同舟期共濟。隔岸有吟窩。

衕齋

荒衕幽且靜。聊作一枝棲。白鶴爲稚子。紅梅當荊妻。言笑雖遙隔。情況似相攜。久抱凌雲志。計日飛巴西。

元旦 癸未

屏居淮水上。欣遇歲朝春。地僻仍周甸。川平祀禹神。光風消寇燄。薄霧壓胡塵。爲道中興日。懽聲動北辰。

淮東寇警

是時蘇省府設淮安蔣橋。余奉命長財廳。月初，敵軍及第八路軍夾攻。十四日晨，東溝與益林被陷。形成包圍。爰與成翊青劉抱誠胡石青南行。在槍聲敵機聲中。經兩晝夜。始抵寶應。遂轉江南中央區。

寇警中宵發。扁舟冒雨行。平明鐵鳥過。澈夜客魂驚。去歲羈香島。今時歷險程。那堪淮水上。又聽鼓鼙聲。

次邑中桃溪

桃溪夙號忠貞地。先賢明盧忠肅公故里。擊楫高歌夕照回。戚友重逢驚我瘦•

爲言艱險賊中來。

淮東烽燧猶彌野。幸得生還亦有天。正氣終申酬素志。間關萬里赴東川。

余將有渝行。

上饒

信江纔過野香薰。枕水山城帶曙雲。入境但饒風俗簡。平田春水鷺成羣。

乍雨濃雲忽際天。風吹霧散見山巔。遙聽遠澗灘聲急。錦纜斜牽上瀨船。

顧長官墨三約游鵝湖書院

鉛嶺度丹霞。暘谷浮金暈。參差古院宇。重重皆幽峻。游覽及嘉辰。塵垢聊一淨。撫今思疇昔。感悵曷堪任。鵝湖講學地。南宋得人盛。朱陸是大儒。並驅乘時奮。晦翁道問學。象山尊德性。立言雖稍異。揆理則皆正。問學以致用。德性以砥行。相輔而不悖。陳義宗先聖。世風日澆漓。誠言尙巧佞。於學孕戾氣。於性類飲鴆。左道蠱人心。深山漫氛祲。顧子邦之幹。蔚爲東南鎮。

久悵志節衰。常謀文教振。鵝湖遺規在。倡導足參證。

夏泛舟游陽朔並懷王公嶼兄

于役桂林日。放舸下灕江。羣岫拔地起。奇峯世無雙。或如象舞鼻。或似雉臥岡。過象鼻山雉山危崖懸玉練。怪石聳大荒。忽現鬥雞形。兩雄未肯降。過鬥雞山又呈奔馬狀。齊首爭渡矼。過畫山。山作筆架形。靑白紅色相間。隱約可見數馬銜轡疾走之勢。江隨峯勢轉。灘淺渡石淙。僧歸鑑山麓。疏鐘來上方。游鑑山寺。鑑寺僧鐘。爲陽朔八景之一。明月不可招。白雲馳我旁。層巒映澄波。及茲一葦航。囘憶素心人。久要不相忘。南天傳雁訊。長滯鵝湖鄉。公嶼時客鵝湖。風光紛入眼。恨未共輕艭。陽朔山水冠。遠道一語將。

重到渝城

渝州嘗蓼地。氣象揚雄風。二水隨巖合。百蠻與境通。市廛紛蜀錦。歌唱聽巴僮。獨上高樓望。穿雲搖彩虹。

自渝飛桂

天衢蕩蕩淨無極。兩翼摩空著亦寒。轉眼千峯雲底逝。低眉萬象鏡中看。金聲已雜巴陵雨。客路遙尋陽朔巒。奇險而今容易渡。人間行旅莫云難。

屯溪山居並憶湖初

寂寞山村夜。聞雞獨爾思。每探山水趣。不忘甲兵危。身老知音少。時艱歧路悲。東來無確訊。空負黟山期。

秋初游白岳

步出岩脚棧。躋屩望雲嵃。白岳一名齊雲山。夙聞白岳名。今朝遂登踐。初越桃澗渡。幾旁山亭轉。過桃花澗。爲涼風望仙松月三亭。光景隨處換。路窮臨絕巘。俄歷洞天中。奇幻奪化工。洞天福地巖半懸飛瀑。散作珠簾櫳。何時百鳥至。啣泥太素宮。內有宋元帝像。係百鳥啣泥所成。殿宇通羣帝。仙蹟世所宗。宋元帝後。明世宗曾勅重修。玉屏如斧削。香爐擁翠空。宮後爲玉屏峯。宮前爲香爐峯。時時白雲起。夕映秋陽紅。遲迴緣興發。忽到玉虛闕。野老傳古寺。鷲距窺石窟。五姥倚杖立。三姑欲奔月。五姥三姑均峯名。羣壑勢萬端。晴嵐互出沒。高閣昔何盛。衆賓耀簪笏。一炬餘殘碑。遺韻久衰歇。文昌閣昔爲軒冕會集之地。今被火焚。蕩然無存。秋風動上清。萬籟一竽笙。攀躋力未倦。笑語猿鶴迎。霞客冒雪過。明徐霞客。冒雪躡冰於此。今我冒暑行。古人已邈矣。聊寄悠然情。

偕陸承泰蔡幼琦伉儷游密雲巖

密雲巖下共徘徊。野寺烹茶笑語陪。皆見鴛鴦浮水上。似知人意逐波來。

題若舟自繪泛湖圖

鼓檝何幽獨。悠然漾碧空。遙分湖水影。忽度錦帆風。神遠羣俱寂。情豪氣自雄。羡君遺物累。出沒荆溪東。

中秋蘇南寇警

是時蘇省府移設溧陽松嶺。轄有宜溧高三縣。日寇圍攻。全境被陷。余突圍星奔。經廣德甯國脫險而抵績溪。

松嶺今宵月。風聲未忍聞。頻將家國淚。灑遍虎狼羣。鼓角驚棲鳥。烽烟亂暮雲。疾馳山北路。山北鎮，在廣溧交界處。惟覺籠陰氛。

廣德晨停轡。夷旌壓境來。毛村尋舊跡。蘇財廳辦事處所在。柏墊聽驚雷。路經柏墊。聞敵投彈。野瘴濕征袖。暝烟封徑苔。石龍地名逢夜警。飄忽避蒿萊。

敵後鞭羸馬。嘶風跨斷流。電光遙作勢。遙見敵在河瀝溪投彈。溪色黯含愁。月暈眩遊目。松風撼戍樓。夜過胡樂市。監國互鎮強爲一宵留。

我與朔雲伴。新從戰地旋。矛頭常淅米。野外始聽泉。鄉思傳征雁。詩情入釣船。績溪多隱士。晤對亦前緣。

偕胡石青袁孝谷游黃山

黃山何所奇。爲道有三絕。雲海與石松。妙境諸天徹。天都卅六尊。健骨竦如鐵。蓮蕊與鉢盂。匯抱低昂列。黃山三十六峯。天都爲主峯。西對蓮花峯。東連鉢盂峯。峯峻惟鳥道。攀躋膽欲裂。林葉經霜紅。感時驚換節。初登文殊臺。在文殊院前。雲蒸玉作堆。倏忽幻波浪。盪漾漫九垓。水天互吞吐。現出小蓬萊。彷彿銀海上。憑虛共徘徊。信宿越巖脊。靑鸞近咫尺。靑鸞峯頂。有石如羽士趺坐。牧童遙指點。隨處有怪石。蹴踏如獸形。飄逸類仙迹。劖鐫窮萬變。睹此遺寥寂。午過獅子林。爲後山主峯。老松遍高岑。不知幾千歲。偃蹇無俗心。勁節凌霄漢。奚畏霜雪侵。淸風動上界。濤聲似鳴琴。憶昔軒轅作。訪求鍊丹藥。浮丘與容成。相將尋洞壑。石室懸壽籐。空際來笙鶴。石室在鍊丹峯上。相傳浮丘公鍊丹於頂。經八甲子始成。黃帝服七粒。不藉雲霧昂空游戲。古人不可追。陳跡漸隱約。仙窟今何在。欲尋行復却。回顧同游者。低眉坐蘭若。

生日屯溪觀梅 甲申

老梅着花古渡春。偃蹇相對共此辰。皎然冰雪爲精神。疏影搖移刼後身。

前年今日滯香海。兵燹熊熊照玉蘂。去歲今日臥淮水。胡塵漠漠壓寒蕾。我今南遷孛口村。暗香風細透柴門。攜來漂泊苦無垠。賴有國魂聊溫存。我每看花開口笑。花若愛我伴長嘯。舉世方唱中興歌。聲聲斷續過梅坡。

牆傾

春，道過淳安。余與眷屬寓蘇農行。兩榻原置在窗前。嗣移在屋隅。夜半窗前牆忽傾圮。巨石橫飛。有一石塊離余頭部僅五寸許。內子左足受微傷。諸兒幸均無恙。爰作詩記之。

空中巨響落窗前。爲道牆傾壓枕邊。神物自來多護助。故移雙榻在機先。

雨過牆傾夜色寒。漁家燈火半闌珊。夢回跳出險危境。隤石縱橫一笑看。

崇安汪寶暄兄約游武彝山

武彝聳建都。壑深崖如懸。雲巒與古洞。氣象羅萬千。老友招我游。步履或後先。洗耳離塵境。恍如別有天。幔亭（峯名）瞻仙窟。好結長生緣。欣然拈花笑。共拍洪崖肩。九曲（水名）爭研怪。時撑書畫船。煙波隨蕩漾。浩歌聊扣舷。

領會人天籟。妙似琴無弦。二三故人至。永日恣留連。臨水撒密網。得魚且烹鮮。開甕謀一醉。何須酒家眠。晦翁昔過此。欒令開經筵。雖罹黨人禍。守道志彌堅。我來暫游遨。轉瞬成風煙。進修知不逮。緬古景前賢。

贛州登多景臺

城堞通幽境。登臺引領望。多景臺在城堞之上。爲章貢二水會合之處。江聲方激越。山色自蒼涼。遠景虛難寫。近游媿未遑。虔州古重鎮。百載幾滄桑。

道經韶關陳勉吾招宿曲江舟中

舟名海闊，爲游人旅宿之所。地當武江湞水曲折相會之處。故名曲江。

危時夜泊曲江頭。南國風光入醉眸。何處橋邊吹玉笛。。幾家堤上唱吳謳。頑雲作態虹徐隱。怪竹交陰月暗浮。刼鋍羈懷多異感。寄蹤雖暫轉牽愁。

筑垣游花谿

花谿景物似荊溪。淺碧新秧針水齊。遠市儈歸山欲暝。長橋風過水侵隄。

碧雲窩為花谿風景之一。裏看雲陣。放鶴洲同為花谿風景。前問鶴栖。最愛南明南明河橫貫花谿。河畔路。翠霞遠照畫樓西。

詠史

宋明外患最深。且均亡於異族。茲就兩代末季忠義人物。賦詩寫懷。藉勵氣節。

岳武穆

憑闌一曲滿江紅。八百年來敵愾同。兵掃羯胡勛可集。詔班虎旅恨何窮。君王只愛聖湖景。丞相偏誇和議功。隻手欲遮天下眼。獄憑三字害元戎。

陸放翁

愛國詩人強自寬。鏡湖風月老盤桓。劍南成集鳴其志。江左偏安痛徹肝。常有雄心戡世亂。空留正氣與誰看。飛狐雪壓三更宴。放翁長歌行。何當凱還宴將士。三更雪壓飛狐城。每誦長歌興欲遄。

文信國

眞州弔古認殘碑。道是先朝丞相祠。萬里勤王殊慷慨。一身許國獨驅馳。精誠直欲開金石。氣魄終能動夏夷。千古英靈疑尚在。帷燈慘澹颯寒飔。

史閣部

江淮扞蔽重揚州。閣部英名萬世留。冰雪梅花家國淚。江山明月古今愁。獨撐空欲支危廈。底柱終難挽倒流。幾點寒鴉飛繞樹。一坏荒土黯城陬。

盧忠肅

草履麻衣報國恩。身經百戰滿創痕。生前已竭回天力。死後空餘戀闕魂。七省陳師勞策畫。建斗坐鎮鄖陽。管轄七省兵馬。督師拒賊。九邊鏖戰固屏藩。建斗尋總督宣大山西。賈莊一夕悲星隕。建斗拒清殉賈莊。關塞蕭條風日昏。

瞿臨桂

塵昏八表守殘疆。板蕩君臣苦頡頏。稼軒詩有擁主竟成千古罪句。目極堯封天共晦。心維漢鼎事相妨。樓船南粵師終覆。喬木東臯野早荒。稼軒思鄉。于桂林另闢小東臯別墅。夢裏英魂猶護國。稼軒詩有英魂到底護皇明句。千秋贏得汗青香。

第四　（自民國三十四年訖三十九年）

元旦汪山觀梅　乙酉

嶺上梅花映曙暉。耐寒相對倍依依。閒中立品人誰覺。淡處應時世亦稀。
獨抱冰姿招野鶴。故將疏影鎖柴扉。羨他老樹枝橫玉。渾似癯仙着縞衣。

渝城雜詠

南岸郊居

西來寄廛文峯前。難謝人間未了緣。夜靜松風吹衆籟。不知家在萬山巔。

南山公園

雨長莓苔曲徑幽。綠陰深處獨登樓。夕陽將下鴉聲樂。惟見隔江翠岫浮。

北溫泉

北泉岸畔晚花馨。秋滿巖崖月滿庭。今夜燈前勞遠夢。客魂還爲故山醒。

南溫泉

回巒四合溪聲喧。中放孤峯著市垣。爲欲滌塵就清淨。臨流先試聖泉溫。

嘉陵江

嘉陵江上一帆斜。喜看湍流走淺沙。白水鱗鱗石皓皓。閑撐竹筏當輕艖。

化龍橋

市橋江靜水雲閒。遠岫來青落樹間。與弟相逢謀酤酒。好將醉眼看秋山。

歌樂山

斜開山徑鬱千盤。記取行吟結古懽。歌樂聲中纔一瞥。依稀嵐影隔雲端。

文峯塔

文峯古塔摩蒼穹。呼吸初疑帝座通。小立塔巔憑遠眺。蠶叢萬疊捲腥風。

淮東之役韓主席楚箴身陷重圍旋經脫險歸來今秋在渝相遇作詩誌感

思子皎若東海月。關山迢遞夢飛越。蔣橋在淮安縣境。蘇省府所在地。歲初重相逢。千樹梅花爲子發。孰意烽燧忽彌漫。子陷重圍歷萬難。轉戰千里拚熱血。臨危絕食誓不還。正義伸張虜膽慄。歸來慰我眼穿日。子卿大節文山氣。慷慨悲歌篆史筆。隔岸正傳中興詞。多少英雄出危時。今日陪都欣再見。生風談屑傲霜姿。

李醫師寶實爲余割治鼻茸

我年將六旬。猶抱壯士志。斷腕杜後患。平生慕風義。憶昔患肺咳。爲道起于鼻。鼻孔遭涼風。鼻茸感最易。迅傳氣管中。痰喘交爲祟。忽遇李醫師。名高精割治。我聞色爲欣。力請早除累。面部甫檢驗。鏃錘鑷俱備。贅肉剪無留。斜骨亦鋸棄。奏刀騞然已。結瘢頓暢遂。戚友從旁觀。心膽有餘悸。而我獨曠然。無憂亦無忌。去腐卽生新。造物含深意。

壽單東笙七十

南極文昌萃一身。淸和佳節祝長春。事須蘊藉操心苦。氣抱中和見理眞。閱盡滄桑新有覺。飽經憂患不生瞋。兒曹奮翮紹前業。老隱吳門笑語頻。

十齡長我宜兄事。壬子雁行常後先。薊北已成過去境。江南谷有未來緣。早游閬苑無餘子。老慣胡兒薄九天。前望中興今不遠。料知此日話東川。

出三峽

三十四年秋，抗戰勝利。余偕夏光宇李景潞馬懷璋成安璈乘民聯輪出三峽。

從來蜀道號險巇。三峽形勝更炫奇。十年三度到渝州。媿未過峽窺異姿。世從擾亂進昇平。環海新築受降城。巴山驩騰傳嘉訊。有客出峽賦遠行。明晨民聯輪向東。家人紛集朝天宮。飄然一葉浮江去。涪陵酆都隱約中。破曉岸上唱水謳。陸墓宣公白祠太傅枕江流。貞元長慶人去後。世間猶念古忠州。舟停萬縣近黃昏。東巖鐘磬悚羈魂。城在山麓地幽迥。攜兒月夜窺林園。岸石束江江漸狹。擊檝倏過巴陽峽。雲安又瞻張飛廟。想像當年扶漢業。峽雨濛濛且復晝。扁舟直被羣山圍。便有生花筆萬枝。難寫瞿塘兩岸岫。夔門削峙仰天視。白鹽赤甲峽名爭詭譎。巫峽迤邐洞壑深。羣峯十二奇峯低昂烟雨裏。灘頭水力疾于弩。山根劈浪猛于斧。山水相激復相依。峯勢江湍盡飛舞。江逾夔巫水漸低。巴東忽在夕陽西。小縣寂寂似村落。地入楚天路欲迷。秭歸家家依絕巘。日日放灘如洗盥。千山萬水貌不同。看到黃牛三峽盡。神哉飆輪眞敏速。隨山轉柁似轉轂。人巧信可奪天工。使我乘舟穩于屋。鄂西游賞記吾曾。三游洞畔一瘦藤。頻年看遍奇山水。今日重臨古彝陵。吁嗟乎，獨掩陳編驗興廢。從政應視民向背。刼後民物待昭蘇。有司要溥同胞愛。汽笛嗚嗚停江津。爆竹聲中迎歸輪。野老笑指第一度。告捷未滿一月。歸輪尚是第一次。天心不負渴望人。我問斯語心惻惻。八載艱難猶在臆。廬舍殘燹杼柚空。小休端須恤民力。

漢皐述懷

苦戰亘八年。欣有受降日。我來江漢濱。適逢中秋月。月華何空明。江雲時出沒。舉世尙虛僞。救弊在守拙。噭噭哀鴻聲。誰識中心怛。天助須自助。施政惟崇實。

自來圖中興。重在得民心。民心何以得。居官要忠忱。愛則民心順。公則民心欽。公平與博愛。致治之南鍼。衆志竟成城。衆口每鑠金。樞垣崇輿論。南雁傳好音。

政策無新舊。但問適用否。可用宜沿襲。詎關時先後。立異以爲高。逆情而多取。功令紛更張。民將無措手。漢承秦亂餘。平陽重法守。寧靜習故常。國泰財亦阜。

建國談經濟。齊民要術工。互市重信義。幣制握全功。宋明行鈔法。錢鈔原相通。棄錢專行鈔。末流禍無窮。大賈篋常盈。拙宦囊屢空。如何際此會。因循步往蹤。

四境多伏莽。防患貴遠慮。頑寇幸甫平。敢作無事覷，禍福在瞬息。干戈起急遽 世所忽不察。我心嘗警悟。人情逞喜怒。往往陷泥淤。收功寧稍遲。覆轍宜戒懼。

三楚舊游地。前事縈我思。陵谷閱浩劫。風俗待潛移。撫民首安集。接物重仁慈。杼柚久已空。小休正及時。兵鋒耀河朔。啼痕積江湄。奔濤千萬騎。來助晚風馳。

六十自述 丙戌

六十平頭一瞥過。朱顏漸改鬢絲多。著書常覺駒光短。閱世渾如蝶夢俄。接物謙沖無我相。因時週合得人和。梅花照眼含清意。隔岸猶傳獻歲歌。

幼遭閔凶失所怙。銜哀匍匐拜先壟。門庭慘澹風飄燭。身世伶仃雨打萍。陟岵詩嗟恩未報。鬻楹書讀涕常零。椿庭至性終天憾。旌孝碑文照汗青。幼丁父艱

十載京華付渺茫。感懷往事意偏長。得邀一顧唯知己。偶竊微名媿未遑。猶憶中途遭巇險。亦因大局變倉皇。廿年不到春明路。多少朋儕墓草荒。舊京

供職財部

一官京口近家居。天錫良緣奉板輿。曾約客卿探海志。偶尋野叟話春畬。
半江帆影當窗落。孤寺鐘聲入夢疏。指點金焦堪吏隱。漫將傳舍作吾廬。鎮江

供職海關

政局初更事事新。一時風尚一時人。計曹重入思前轍。議席量移誌夙因。
離合隨緣心似水。朋僚同德物皆春。鍾山風景長相憶。竹影松聲月比隣。南京

供職財部及立法院

自到楚天參計政。光陰荏苒六經秋。忮求胥泯先師訓。聲聞過情君子羞。
節用還期充國力。除苛敢說爲民謀。南樓風月今猶昔。舊夢依稀似可留。湖北

參計政

小住南陬傍宋臺。三逢霜菊共徘徊。故人邂逅翻疑夢。環海波濤吼若雷。
晨起衡文嘉客至。晚涼納月好懷開。此身細向山靈語。心地空明衆妙該。香港

長財政月刊社

藼花邈渊申江浦。陟岵瞻雲涕淚傾。到此永無爲子日。從前長負倚閭情。

滿天鳴雁銜哀過。一角靈旗扶櫬行。萬里間關親視窆。故山冷落尙陳兵。海嶠

哭母

寄命艱危參省政。播遷敢道此心殫。飛書籌粟謀炊急。亂局還棋落子難。事以情求恩怨泯。勤將拙補夢魂安。揭來恍悟儒家語。起斂端須政尙寬。江蘇

參省政

巴山久住亦前緣。曾讀周官話貨泉。欲解懋遷行問世。每因衰病學參禪。幾時拓土能長保。自古義師常凱還。聞道倭人新慴服。大軍奏績勒燕然。重慶

主持蘇農行務

頻歲奔馳似轉蓬。輕舟又到漢江東。松楸隱約殘牆外。禾黍高低斷瓦中。舉眼頓驚罹浩劫。撫時何計策新功。詰朝巡視贛湘去。林葉經霜已着紅。漢口

管理鄂湘贛財政金融事務

回首懸弧槩我思。四方有志屬男兒。東瀛鴻爪痕猶在。北美鵬程跡漸移。壯歲幾經多難日。老來欣遇中興時。兒孫能讀差堪慰。四壁圖書足自怡。

壽成翊青五十

賢明似伯玉。五十悟前非。物外功名薄。機先洞矚微。悲時聽雁唳。濟世憫鴻饑。卽使長謙退。江淮誦德輝。

同舟京口日。攜手歷三山。帆影鳥邊下。潮聲象外閒。漁歌沿浦遠。樵火戴星還。興發常乘月。雙扉莫遽關。

故人情意厚。邀我淮東居。地曠斜暉澹。天淸高柳疏。日惟鬥文藻。時亦餉鮮蔬。談笑且爲樂。祇應君與予。

相逢一笑間。避亂遽成泣。微雨覺凉生。漏舟防水襲。漫天兵氣橫。竟日長河急。危難思同濟。揖人猶兀立。

微服過陽羨。烽煙接大荒。纔踰漕橋市。又步桃溪鄉。白鳥逐前侶。靑山迎遠航。履險渾如昨。艱辛詎可忘。

君向屯溪去。步騶隨處同。因思通息息。無使兩忡忡。最愛蘭階秀。時欽玉案風。曉南山色好。攜酒挽隣翁。

共喜南山好。風清月度蘇。小橋聽萬籟。曲沼看幺荷。詩思隨雲遠。羈懷入夜多。承平今有象。莫再賦槃阿。

契合廿餘載。江湖共寄身。切磋恆以道。患難老彌親。尚義無今古。逢時有屈伸。平生期久敬。歲歲把杯頻。

江夏雜詠

劫後重登黃鶴樓。亭臺縹緲地清幽。依稀往事憑誰說。俯仰江山幾度留。

萬馬潮來氣似虹。當年戰血灑長空。莊嚴銅像猶如昔。檻外桃花特地紅。

黃克強先生銅像。矗立于黃鶴樓旁。

乃園風物昔曾看。百本寒梅結古懽。今日重來尋舊跡。蜿蜒老幹盡摧殘。

丁巳春過鄂寓乃園。梅正盛開。今園併入黃鶴樓。老梅已無存。

抱冰堂尚湛清光。松竹迎風試鳥吭。閒聽老人談故實。兩湖事業數文襄。

層巒迴抱卓刀泉。坐對茗甌百慮蠲。飛絮落花方鬥舞。等閒幽趣待誰傳。
驅車曠野四天低。碧浸東湖別一蹊。此日春歸人盡醉。輕舟爭泛夕陽西。

黃梅病喘

黃梅罹喘疾。久雨望新晴。呼吸驚煩促。艱屯苦拄撐。祗因痰作患。但恐氣難平。一悟無生理。如如心自清。

挽南經庸

在滬寓沐浴。中煤氣毒暴卒。

心是主人身在舟。舟逢煙瘴使人愁。而今登岸舟拋却。吳水楚雲任意游。

挽趙頌平

前輩留風節。吾鄉推此翁。解紛存宥恕。排難秉公忠。問疾言猶在。重逢願竟空。朋溪回首處。惆悵石橋東。

東湖餞行

三十五年冬，鄂湘贛三省財政金融接管事務。先後告竣。商會賀主席衡夫餞余于東湖菊園。同席夏靈炳，沈碧舫，陳經畬，曹延祥，周蒼柏，鄒鄭叔，何家焯。

衡夫招我飲。鄭叔招我遊。輕車出郊外。野徑曲且幽。行行園在望。迎我有同儔。盛筵羅嘉旨。餞我趁歸舟。四座皆舊識。觴政鮮苛求。銜杯聽簷角。鳥語聲啁啾。日暖逢小春。賓主咸休休。風光籠萬象。聲欬通九州。主人起致詞。謂我來接收。是皆中樞收民心。非爲庫藏增賄賕。與民更始如時雨。利濟在抱勤噢咻。聞言深自怍。感子意綢繆。顧維鈍拙性。浮名非敢求。行看棹篋舫。沙尾理綸鉤。

吳門感懷　丁亥

雲夢東歸日。葑溪結數椽。只因臨水曲。不覺抱雲眠。尙拙伴松老。尋幽味道全。澄心觀物化。城市亦悠然。

擧家勤學圃。兀傲看雲霞。微雨兒挑菜。午晴婦溉花。焚香研貝葉。耕草飯胡麻。但得耕兼讀。餘生亦足誇。

錫宜道上

春色暄妍雨乍晴。惠山明淨錫山清。恰逢香雪盈巖谷。憐過梅園十里程。

鑿徑穿巖一路通。飆輪逐逐疾如風。左看湖水蒼茫綠。右顧山花深淺紅。

瞻望平疇柳眼嬌。遠連空翠水迢迢。老農遙指吳公宅。斜日車過雪堰橋。雪堰橋爲吳稚暉先生故里。

高低霧幔逐天長。一水迴環小市漕橋藏。渾喜當年游釣地。微雲虛掩故蕭塘。蕭塘爲余故居。

碧天斜照水邊亭。卅里橫塘一霎經。舉眼忽驚佳氣滿。菜花黃處岳山青。

綠水逶迤通岳堤。在陽羨城外。岳武穆所築。關關春鳥向人啼。下車躑躅城西路。溪外橋橫橋外溪。

重返荆齋

故宅重來靜不譁。引風竹影數竿斜。剷除百事餘殘跡。斷續孤懷徒暗嗟。蝴蝶魂迷新葉甲。蜘蛛絲綴古槐芽。頹垣敗瓦紛盈眼。老屋三間刼後家。

荊溪看月

荊溪名勝地。霄止水雲寬。湖淥魚知樂。林深禽自懽。年光飛電速。塵事刼灰殘。只有鄉關月。推窗不厭看。

挽張上尉在森

在森上尉係老友伯初幼子。軍校畢業。年甫弱冠。壬午五月，參加金衢會戰。輾轉千里。迭著功勛。與敵相持于金華城郊。被敵包圍。不屈自殺。

少年熱血灑孤城。月下荷戈意氣橫。馬革裹屍成壯志。衰親雙淚不勝情。

挽成翔青

綿綿千載事。了了一時休。猶憶詩篇在。長存劍氣浮。發倉蘇鮒轍。輸粟汎雲舟。共仰痌瘝抱。江淮德澤留。

沉痾起憂國。執手話悲辛。世路多叢棘。人材感積薪。清言猶在耳。繐幃竟生塵。重過遲齋畔。庭花慘不春。

贈杜醫師功遐

起廢拯衰理藥囊。淞濱又見古韓康。程功豈必遜良相。却病曾煩賜液湯。
梅雨初侵橘井水。薰風久扇杏花芳。神州生計嗟蕭瑟。還盼普施活國方。

挽張仲仁先生

抗戰軍興。吳門首遭敵禍。仲仁先生自吳中避難。赴香島小住。適余亦僑居。時相敍談。旋仲仁赴渝參政。余復就事蘇省府。常住巴山。同在交行午餐。藉續舊愫。迺別未三月。遽聞溘逝。茲値靈櫬遄返。特譔挽詞兩章以誌哀忱。

胡馬蕭蕭暮雨愁。間關萬里赴渝州。驅馳不爲功名計。慷慨常懷民瘼憂。
一片丹心明日月。千秋大節重山丘。吳門迎櫬人如海。未薦蘋蘩淚已流。
頻年戰亂愴同儔。誓不共天報國仇。香島結鄰疑似夢。巴山聯席幻如漚。

老猶奮志研韜略。病尚從公獻遠猷。天奪虜魂終屈服。九泉含笑月盈樓。

壽金籛蓀先生八十

遷固風規削汗青。懷鉛緯史即經經。修辭誠立趨宗派。體國心長炳日星。
養志東旋蘭桂挺。頤年南面簡編馨。大椿歲月徵文獻。四裔來庭溯百齡。

虎丘寺

勝地堪欣賞。如茲悟石軒。寺臨三面水。舟到二山門。鈴語峯前塔。帘搖郭外村。游人詢軼事。老衲笑忘言。

石湖泛舟

月儗中秋夜。扁舟泛石湖。蘇州俗例。八月十七日泛舟石湖。游人如鯽。水天開玉鏡。星斗瀲冰壺。逸響聞吹笛。商音答奏竽。今宵如不飲。何處可歡呼。

李嘉有約游虞山

三峯景物昔曾游。民國七年秋，隨熊鳳凰游靈山。承宗子岱款待。隔卅年來再討幽。山徑已更樓亦改。霜楓偏似舊時秋。

偶過琴川一溯洄。名園瞿稼軒春暉閣。無復舊池臺。只餘山水猶如昔。難得胡僧問刼灰。

尙湖的的水雲區。飽看吳渠颭浴鳧。紅豆山莊人已矣。牧齋山莊今已廢。絳雲遺址亦模糊。

劍門誰說步艱難。失笑游人記筆譌。近人游記。盛道劍門之險。余身歷其境。始知其誑。我却今朝親眼見。恍如馳道坦而寬。

偕錢士青宿靈巖寺

寺居彌喜道相親。老帶莊襟氣味醇。共聽梵文如大覺。翻疑往事是前身。月移塔影當窗現。風送鐘聲入夢頻。晨起急商出游去。吳山徧歷莫辭辛。

過韓蘄王墓

步過蘄王墓左碑。雲間雙鶴影迷離。山依吳主爲宮地。水合西施理楫陂。天意故教今日暖。野花又吐昔年姿。延安蘄王原籍遺恨在何許。未竟全功境已移也。

鄧尉觀梅 戊子

彭澤酷嗜菊。吾今深耽梅。菊耐寒霜挺。梅從破臘回。好尚雖互異。緬古願相諧。晨過廣福路。迴環綴縞素。參差影自橫。浮動香暗度。玉姿映前溪。逸韻迷古渡。廣平心似鐵。亦復欣且慕。旋入玄墓區。寺殿聳太虛。綠萼倚修竹。瓊葩傲當途。我憐梅清介。梅笑我拘迂。共期歲隈裏。悠然隨化俱。薄暮賦回轍。山神向我說。鄧尉處士家。瀟灑與世絕。梅抱冰雪魂。深恨人攀折。只因隱未深。花梢常守缺。若植危崖巔。何患被搜抉。聞言梅默默。我亦眉愁結。

壽谷宜七十

大道無古今。至人忘去住。美意延高齡。陶然行吾素。吳子世之坊。淸穆出天賦。文章驚瀛寰。襟懷浥秋露。壯歲歷重洋。醫學開先路。靑囊濟同羣。苦海得普渡。晚年參禪機。性空心頓悟。縱慮任天和。悲智諸佛護。自慚多病身。彌切養生慕。敢譜南山章。芳春祝永駐。

游臺雜詠

夏初，天氣淸和。風物閑美。余游臺灣。遍歷各地。頗饒逸趣。率爾賦詩。以誌鴻爪。

喜見臺員

瀛嶠遙看挽髻螺。神燈隱約似星羅。海山重返漢家日。贏得閑身野興多。

基隆入港

形似雞籠浪打山。飛艘雲集碧波灣。爲言良港鎖臺北。氣象萬千罩市闤。

憶劉壯肅

壯齋東來駐省垣。精心論政探根原。七年治績遺型在。捫讀殘碑認舊痕。

草山晚眺

綠陰深處偶停車。高閣淸幽落日斜。聞說日儲眺賞地。東風開遍舊櫻花。

北投溫泉

南方館址今仍在。藝妓如花安往哉。樹密泉香心意適。十年世事入眸來。

日月潭泛舟

曲曲雙潭碧似油。泛舟點蕩逐輕鷗。樵人指點工程巨。多少農田賴此流。

臺南懷古

信有臺陽可避秦。編氓半是舊遺民。一年嘉穀收三穫。猶守古風尙樸淳。

謁延平祠

聞將軼事溯延平。手挈琱戈却敵兵。尊漢攘夷留正氣。千秋廟祀永垂名。

瞻吳鳳廟

屹然廟貌聳山隅。奕奕鬚眉入畫圖。渾噩番民長記憶。爭傳義俠世間無。

高山族杵歌

纔聽杵歌疑梵唱。予牽足頓似羣仙。舍餔樂事今漸替。却向游人索布泉。

離臺誌感

到處周游得導師。新知舊雨共相隨。何時眞遂養痾願。海嶠重來副所期。

士青見示哲嗣出生新詩因賦四絕

重瀛劬學歲頻更。工藝精研期起行。覺得神方能度世。扶衰救敝挽民生。

未曾相見久相聞。襟帶歐風氣似雲。爲報舊京諸學子。尋常每飯不忘君。

歸航萬里賦勞人。天末層樓入眼頻。倦向丹青懷祖德。錢武肅王一生功德。在安民而不擾民。金塗鐵劵話安民。

喬柯茂挺拂雲枝。雨露涵濡蒼翠奇。騷雅傳家尤傑出。趨庭攜得海天詩。

壽張岳軍先生六十

翊贊中興策廟堂。老成獻替氣軒昂。先機獨矚憂邊患。報聘曾經覲國光。警世名言青簡重。匡時方略紫泥香。齊眉茀祿春長在。雨露涵濡景杜房。

國步

國步今艱阻。紅羊刧幾多。遼東纔抗命。魯北又稱戈。天暗疑罹厄。民愁恐有魔。華胥尋夢裏。何日頌時和。

春初臺北養疴 己丑

小住臺陽春日長。仙風吹送桂荷香。臺島天暖。正初桂荷盛開。病身似覺吟詩樂。弈局猶聞落子忙。習靜冥冥緣盡息。養心止止氣彌強。客來若問營何事。半戀丹經半戀牀。

內子徐光華五十生辰誌慶

臺陽春暖福臨門。如日方中欣舉樽。且喜綢繆新築靜。敢誇伉儷舊情敦。
閑居共愛林泉樂。延客時聞笑語喧。廿二年間如一日。治家課子不辭煩。

淞滬鏖戰夜夢蔡松如先生

故人入夢影參差。猶似當年接履綦。貝巷流風餘仰感。淞園聯席耐尋思。
憂勤勵俗寧辭苦。孝友垂箴有所期。世難幸公成解脫。烽烟黯黯韋江湄。

游花蓮港三宿而返

港似迴瀾疑幻影。花蓮港，舊名迴瀾港。漁翁遙指話前因。層峯遠近迓初日。
疊浪低昂吞九垠。萬態靜看蒼狗變。孤蹤時與白鷗親。桑間三宿猶生戀。況復
清風滿海濱。

白露節夜憶幼子樸懷

樸子今猶隔。夜深玉露滋。海天驚節換。入世感時危。多難憐渠幼。離居有夢思。倘來香島上。相見豈嫌遲。

赴志蓮淨苑禮先慈蓮座

招提倚山岡。澗泉穿石罅。唄音澈九霄。遙答泉聲瀉。憶母圓寂時。蓮座託梵舍。淚涴猶未乾。倏閱十冬夏。母曾好貝經。兒為廣搜借。母不喜玉食。媳為薦耙秠。有時笑諸孫。作虎跳地下。有時證菩提。合掌坐深夜。往事紛縈思。母兮竟永化。兒今滯炎洲。在天應驚訝。白雲渺莫攀。碧海遠難跨。故國未解兵。何時得返駕。

生日觀梅 庚寅

古梅偃蹇入初春。疏影含香老更親。共對紅塵忘世味。獨留素韻繞江濱。養疴常藉詩為戲。寄寓猶邀月作鄰。漫笑生涯如遠足。行程過半尚迷津。

鑽石山居

鑽石山居曲徑深。二三故舊尙相尋。西窗恰喜無遮隔。坐聽幽泉戛玉音。
草綠江南胡不歸。心驚客路故相違。塵寰未了沙虫刼。夢斷鄉關不可幾。
衰病侵淩自笑孱。藥爐烟裏看雲山。槐安一枕淸如許。賺得餘生盡日閒。
海嶠風光美且都。青山一角肯分無。故人來道故鄉事。刼後中原景色殊。

楊振洲錄示山居近作因賦二絕

乍識荊州槐夏初。新詩絕妙數行書。山村誰與談心曲。天故遣來同里居。
海天風雨氣縱橫。獨寫胸中抑鬱情。別抱經綸堪世用。先生詎僅以詩鳴。

士青錄示山崖失足近作因賦二絕

山崖失足墜雲阬。意態昏瞢似宿酲。料是諸天爲暗護。神羊故故向人鳴。
天竺晴嵐碧作堆。牧童扶得老人囘。種園穫果多佳趣。病瘉還期日日來。

七夕感懷

殊方巧夕醉番謳。濩落情懷易感秋。四壁吟蛩初促織。九天銀漢動離愁。
留連山海情何限。悵望氛祲刼未休。却笑鄰兒爭爨演。戴冠披袜弄獼猴。

中秋月夜

光澈冰壺玉宇淸。碧天無際一輪明。露凝金粟僧禪定。風送銀濤客夢驚。
故國漫歌新曲譜。羈人尙抱舊詩情。請看直北滄溟月。猶照艨艟事遠征。時南北韓釁起。美英先後參戰。

重陽登高

獅嶺俗名獅子山崔嵬幾度來。每從晴旭望蓬萊。千秋歷刼同棋局。萬斛牢愁付酒杯。雲壓西林天欲雨。風翻南海浪成堆。棲遲異域逢重九。怕看黃花旅次開。

述懷次俞澤民韻

羈愁別恨兩相煎。避地南來又一年。故國滄桑增感喟。平居風義共仔肩。
半生飄泊霜侵鬢。一病支離夜擁氈。剩喜山村茶味永。呼童活火煑淸泉。

壽瞿季剛六十

蒼松點雪影扶疏。華府關迎星使車。江左人文多長德。漢南經濟有奇書。
昔年勉學攻泉幣。此日尋盟裕國儲。北美天開新甲子。九如一曲共軒渠。

挽楊翼之先生

兵戈從老夢初回。百感無端掩夜臺。獨向機先憂國病。却從物外伴巖梅。
早登議席長時彥。晚閉風帷薄劫灰。舊德追思傷永逝。南天羣雁幾聲哀。
攜杖聯襟話舊親。青燈如舊隔香塵。論才相許懷風義。避地同行感棘榛。
故里交游猶渴慕。盈庭蘭玉總香勻。輕車再過城南路。往事淒迷暗愴神。

沙田探梅

海靜沙明憶舊游。幽香漠漠臥禪樓。十年前，曾宿西林寺。今朝重過還酬飲。
遮莫梅花替客愁。
紫華綠萼爲誰春。似笑驕人白髮新。惆悵天南無雪降。孤芳自賞傍嶙峋。

老樹黏花照眼明。不知有意復無情。雲蒸雨漬枝生蘚。如鐵槎枒也可驚。
纔過海濱叉岩阿。看盡千林未厭多。天女禪心猶似昔。散花原不礙維摩。

憶三弟叔偉

原上鶺鴒奮翅飛。也因急難故相違。炎方雲瘴我猶住。冀野塵沙若未歸。
喬木過風鷹欲據。病蟲經雨蟻成圍。細推物理觀時變。幻境何妨一例睎。

紡織界舊友過訪

海嶠重逢意更親。叮嚀獨闢見經綸。纜車嘈雜如風雨。坐看寒衣覆萬民。
夢想升平苦未眞。眼看成敗幾多人。何當共酌鵝黃酒。閒話江南劫後塵。

泛海

迢遞滄波送歲寒。槎浮縹緲感千端。月光淡向雲邊漏。海色清從浪裏看。
北地久嗟占虎哑。南溟寧忘擊鵬摶。片帆遙指蓬萊路。俯仰吟望宇宙寬。

第五（自民國四十年訖四十五年）

元旦　辛卯

荷妍菊笑度元辰。蓬島風光話類神。燮尾三杯迷醉眼。故鄉幾個遠游人。盤登果博羣兒樂。客至談生滿室春。亂世攜家無定處。桃符爆竹又迎新。

壽何上將雪竹七十

三楚會開府。威儀細柳營。已教傳令望。况乃洽鄉情，患難嘗相共。凶頑倘待平。時艱尊一老。屹立隱長城。與我憐同病。攝生寄語頻。心平遺悔吝。事簡養精神。萱草垂陰厚。榴花吐焰新。稱觴逢令節。萊綵好娛親。

移居臺中

臺中林壑可棲遲。我似鷦鷯寄一枝。千里浮家爲遠禍。頻年多病獨傷時。

愚人巫術終成幻。救世名言自不移。遙聽潮音來海上。神州浩刼不勝悲。

觀弈

弈理通兵法。逸興壁上觀。人誇攻堅易。我覺攻心難。黑白布局始。奇正相表裏。思精入乎神。變化難盡揣。金邊運營屯。（金邊銀角。圍棋物語。）敲聲入雲旛。銀角彎弓射。落子驚夢魂。殫智守孤壘。臨危不辭煩。審機保一隅。將覆幸復存。居中重策應。馭外圖制勝。合圍方近攻。背水忽列陣。守分乍豫防。鴻溝又起釁。縱横與捭闔。推遷渺無定。急劫正相連。輸贏待討研。旁觀有明眼。誰爭一着先。

次韻仲少梅先生臺中卜隣

蓬島重逢話刼塵。柳川浪裏影形親。（柳川在宅南。浪花四濺。）歌聞海曲聲何壯。夢斷江南歲又新。椰液清涼舒肺氣。榕陰搖曳伴詩人。低徊互訴無窮意。爲愛邱泉共結隣。

參觀臺中省立幼育院擬詩奉贈熊芷院長　壬辰

早年曾受鳳凰知。猶記香山全盛時。今日故都非昔比。甘棠慈院正縈思。
十年淹滯贛渝間。桃李盈門欲解顏。克紹先人兼愛志。卻從火宅問痌瘝。
臺中育幼繼成規。何幸南來得主持。一片婆心宏教養。樂聞絃誦出孤兒。
柳川好作兩家春。海外重逢暫結隣。四壁雲嵐開畫幛。漫勞存問話前因。

少梅贈詩以少服痲黃素見屬奉和兩絕

膏肓臥喘不知春。多謝關心到故人。同病相憐煩寄語。痲黃雖好弗相親。
方案翻新有幾多。痲黃執着易成魔。莫嫌莊老攝生術。搥背也能使氣和。

壽沈委員之萬七十

彰溪靉靆五雲飛。七十崧齡自古稀。滄海雖波鷗夢穩。青山留種竹孫肥。
政成吳蜀春長在。心念江鄉景已非。今日懸弧堪預祝。他年買棹賦同歸。

秋游埔里

埔里四面環山。中爲平野。俗稱小洛陽。旁有虎子山。相傳爲全臺中心。昔人建亭立碑以紀其事。今廢。

我從臺中來。輕車盤山腰。傾耳疏鐘落。舉眸宿霧消。逶迤傍澗壑。迢遞陟嶕嶢。路盡忽開朗。恍如登碧寥。千嶂圍平原。市闤連谿橋。畦菊隨意發。岩桂向人招。牛泳噴白水。鷺下點青苗。村農勤穡事。秋收慶豐饒。更過街坊側。虎嶺聳雲霄。松濤時起籟。鳥語暗弄嬌。橫吹聽牧笛。放歌多民謠。地稱小洛陽。景物誰爲描。立碑誌中野。去今猶未遙。風侵雨復蝕。徑荒蘚亦凋。借問古亭處。空餘噪晚蜩。興廢疑有數。變幻同夢蕉。埔居臺之中。羈客樂爲僑。媼引蕃社女。儈還退居寮。冥冥雁飛急。密密椰影迢。歸途入畫境。暮色動涼飆。

壽莫柳忱先生七十

七十老人復奚求。天君坦蕩若虛舟。濟時獨抱中和氣。遑計籯金與海籌。
西窗回首挹芸香。楹語薪傳各杳茫。爲道髫年承訓日。命名釋義詎能忘。
早登議席抗時賢。義不帝秦勁節堅。畢竟興情崇正氣。漫天風雨洗腥烟。
依蘭形勝啓雄藩。漠漠胡塵野色昏。最是籌邊關國計。頻年宣力不辭煩。
奉使西征萬里塵。凜然松柏見精神。折衝早讀皇華什。片語能回大地春。
康西巡視問瘡痍。佳話流傳付竹枝。策馬瀘邛頻告語。居安端令不忘危。
世方多難避稱觥。來聽武彝萬籟鳴。探勝客輸腰脚健。觀峯亭上望雲生。
柳陰夾岸影扶疏。何幸兩家共結廬。詩富千章欣見貺。巳辭聊答一軒渠。

生日 癸巳

六旬逾七是今年。海國生春景物妍。老覺茶甘滋舌本。夢回曙色落窗前。

觀鷗

天心默與人心契。國運欣隨泰運旋。起看楸枰驚急劫。爭來一着燭機先。

白鷗爾本微。偏好烟水役。忽繞岸荻飛。飄揚舞霜翮。忽耽浪花浮。紆迴弄瀰汐。瀟洒似雲心。閑暇啄玉液。咄哉造化奇。物理誠難測。一物一性情。儻然各自得。輕燕有狂名。孤鶴爲仙客。鸚鵡誦金經。烏鵲報晨夕。由來擅技能。乃是守其職。獨羨鷗也靈。衷曲具深識。蠕虫恣成災。防之爭攫食。颶風起先知。導之泛歸舶。濟世勞夢思。辛勤那敢惜。益鳥傳邇遐。衆口稱嘖嘖。我與羣鷗盟。海濱印雙屐。相見不相離。塵慮頓冰釋。遙遙天際青。淼淼波痕碧。臨風共忘機。聊以養吾德。

壽吳禮卿先生七十

世俗尙奢忲。君獨罷壽卮。澹泊塵心滌。淵涵樹德滋。節序常相遞。琴書自足怡。溫余卅年夢。獻君七秩詞。丁卯參蘇政。滬瀆共棲遲。攜手趨白下。聯席議設施。壬申奉使皖。君適擁旌麾。高閣承招宴。縱談問瘡痍。嗣君膺邊寄。孜孜風教維。昕夕籌國計。淸勤民繫思。自來臺中住。同里長相隨。爲道義利辨。有爲有不爲。崇論宗亞聖。舉世仰成規。中庸言忠恕。大學釋平治。
壽君別無語。人性永不移。以此移風俗。君壽浩無涯。

沁水煜如先生有鼓缶之戚賦詩奉唁

月中環佩夜迴潮。風過臺員冷鳳簫。隔室惟憐同病久。經旬始駭返魂招。
相夫憂患昭賢淑。教子慈祥瘁暮朝。獨是彌留偏靳面。知公此恨總難消。

蘭陽紀行

秋末，臺灣第一商業銀行羅東新廈落成。開游藝會。余參加典禮後。並游礁溪宜蘭蘇澳三地。

偶過礁溪野老家。龜山在望雨絲斜。溫泉灩灩清如許。一洗塵埃玩物華。
無端古意上心旌。猶記吳沙墾殖成。阡陌縱橫開綠野。舊時明月照蘭城。

清乾隆間。漳人吳沙率民開墾。迄今猶多遺蹟。

游園勝會集時賢。曲水流觴話貨泉。剩與羅東添韻事。繞梁餘響落吟邊。

天爲游客放晴暉。信步重尋舊釣磯。見說漁家生意足。徜徉烟水也忘機。

三十八年，余曾游南方澳。忽已五載。漁業較前豐盛。

毘盧寺

毘盧夙號古名刹。攜杖相尋百感併。檻外花開浮紫翠。林間鳥語弄陰晴。有生業重徐徐度。無礙心空漸漸明。幾處雲山橫海氣。一堂共聽誦經聲。

春喜鄢講師幼霖見過　甲午

楚地多賢哲。欣君尤逸姿。擔簦尋野寺。坐石看弈棋。鐘鳴山更靜。日斜陰初移。頓覺羣蒙破。能將百慮遺。早歲謝簪組。銳意治文辭。不羨折腰祿。常作授經師。絳帳亮節見。青燈校書遲。盈門映桃李。一樽展笑眉。自來臺員住。同驚歲月馳。蕉雨羈人夢。椰風故國思。悲心叩蒼旻。俊語悟須彌。荆園堪小坐。松竹共襟期。

霧社紀行

人止關

人止關前屐齒經。驚心路隘幾曾停。迴翔已接天池路。斷續杵歌冒雨聽。

關在埔里與霧社之間。上有懸崖千丈。下爲谿谷千仞。令人不敢仰視。

觀音瀧

飛瀧倒注噴珠瑩。萬馬排空照眼驚。底事觀音淸淨地。天風猶作怒濤聲。

此瀧在蜈蚣山麓。瀧分三條。高各數十丈。游客過此。征衣粘沫。

觀霧亭

雲山依約畫中來。觀霧亭邊一溯洄。料得忠魂猶戀此。刀光閃處白櫻開。

此亭在國民學校園內。遍植櫻花。民國十九年之霧社抗日事件即發於此。

廬山溫泉

山泉溫暖感天和。浴罷憑欄聽晚歌。一笑荷戈聚殲去。蕃童扣角弔摩那。

此泉昔稱櫻溫泉。在春陽道上。摩那氏爲當年發動霧社復仇之主角。

題蔡北崙嚶鳴集

茶餘喜讀嚶鳴集。恍對天南一異人。僑滬坎軻思復國。居鄉委屈爲娛親。
松筠雪後枝仍挺。薑桂老來味愈辛。應是兩間留正氣。縱經困厄也怡神。

谷關參觀天輪水電廠

谷關風物似黃嶽。選勝寧辭曳杖行。修竹連峯朝氣爽。淸風迎月夜窗明。
山胞刺面耽奇綵。蠻果承筐未識名。聞道天輪增電力。也因開建利羣生。

黃朝琴重膺省議會議長

議壇三長集羣思。省治宏開大備時。擘畫才華論食貨。折衝樽俎想風儀。
妙言頗似君房語。豪飲偏成元亮詩。淸望早馳逢際會。南來識面未爲遲。

六月十六日爲先慈九秩冥誕赴愼齋堂誦經致祭

天宇澄霽浩無涯。日月雙丸競出沒。慈帷見背幾經秋。十有五載泉壤隔。
素志本願守墓廬。松楸在望正銜恤。孰意中原揚赤氛。浮槎南去黯然別。今晨
冥誕倏九旬。海嶠遙祭薦素食。石甑炊餅香氣浮。轑釜調羹蘋藻潔。悟到靈山

皈依路。忽聽經聲開靜域。三伏畏暑耽尋涼。萬里思鄉苦追憶。烟塵漠漠阻歸途。魚雁沈沈斷消息。那堪骨肉流離時。愁向西天抒胸臆。緬懷母兮鞠育恩。此恩未報心欲裂。邱壟餘跡遍荊榛。虎豹盈野肆殘賊。白雲搖曳隨鳥飛。黑浪迢遞迴渦咽。隔海遠眺殊拳拳。悽然長痛感疇昔。讀易偶參剝復理。稽古細探彝倫則。且將展墓無限情。留待收京獻俘日。

壽錢新之先生七十

爲愛波光永日流。淡江橋畔喜添籌。峯青但見松難老。疇絲同欣歲有秋。
山水緣多仙骨健。滄桑閱盡道心幽。元龍豪氣今猶昔。淺醉還傾酒一甌。
泉布周官話苦辛。皎然冰雪共精神。百年早定樹人計。片語能生闔座春。
爲喜延齡天雨粟。憫時學墨道肥身。辛巳秋，新之患病香港。夢見仙人。謂世遭浩刼。賴善人救濟。錫以天雨粟三字。寤而延醫。適爲粟姓。宿恙頓消。一時傳爲佳話。兒孫爭讀九如頌。
指點南山笑語親。

讀陶詩形影神篇有感

舉世惑惜生。淵明作辨釋。形影互相答。各吐胸中臆。神更進一解。疑義加剖析。卓爾達生語。反覆耐玩繹。消憂藉酒觴。開襟納殊益。醪醴雖稱心。促齡情所感。立善經歲時。遺愛暗中積。好事憚枯槁。無譽良不懌。神爲心之主。形影乃行役。妙諦闡何許。委運寄空寂。我年近古稀。好靜耽泉石。振衣尋幽棲。那惜幾兩屐。世方攖擾攘。蹇拙難爲力。不如無所營。小休計亦得。每誦陶子詩。道心常啓迪。俯仰大化中。忘懷欣自適。

讀史寫懷

鬼谷創縱橫。學說逞譎詭。蘇張纘其緒。浩刼自茲起。以利說諸侯。恬然不知恥。奪地復爭城。七雄演戰史。糜爛遍中原。寇賊雜奸宄。篡竊相頻仍。宇宙大義毀。

孟叟黜霸術。蒿目抱深憂。好辨豈得已。所望在咸休。無如仁義說。與世風馬牛。衆方恣其欲。嚋解愼厥修。迨至嬴秦氏。焚坑尙權謀。苛政猛于虎。君民遂成讎。

否極泰復來。孔壁出經笥。世漸返昇平。漢儒功足記。賈董明天人。馬班尙忠義。譽俗發正聲。欲致唐虞治。世風雖迭變。典型終未墜。寧知千載後。橫流又滿地。

中原忽板蕩。播越滄海深。驚濤掀地軸。欲濟乏南鍼。世盼除秦法。人抱歸漢心。願刊中興頌。一慰民謳吟。回天開新運。弭劫掃氛祲。彼蒼倘悔禍。先起神州沉。

內子徐光華勤園藝花木清幽賦此酬之

卿耽藝圃送年華。小試耘鋤好作家。種樹久嫻參活法。編籬還爲護春花。烟籠玉蕾初抽葉。露滴瑤枝漸吐芽。我亦寄閒觀物化。無言長對綠陰斜。

小孫培源進成功高中以此勉之

少年心與氣俱雄。兀兀西窗萬卷中。校是成功示朕兆。望無疏懶躋成功。
爲學宛如逆水舟。行程遲速費綢繆。要儲破浪乘風具。好作他時渡海游。

壽趙淳如先生六十

括蒼年少久風塵。海嶠重逢老更親。琴鶴隨身知所效。憂勤謀國敢辭辛。
昔時聲譽蜚中野。此日綢繆在裕民。籬畔黃花矜晚節。羨君壽世展經綸。

春日自題撮影　乙未

春是年年到。形難歲歲同。神游塵世外。身在海嶠中。
歲月催人老。波濤入夢頻。偶然思攬鏡。猶喜故吾眞。

我愛臺中

（依荊公桐鄉豈愛我。我却愛桐鄉之句而作。）

臺中誠愛我。我也愛臺中。心期交相愛。長使息息通。興言稅駕地。佳事
頗疊重。爽塏不卑溼。晴曦常薰烘。茗榭納涼吹。釣橋看霽虹。田田荷映沼。

遙遙霧披峯。出郊得幽曠。緩步揩短笻。景物紛入眼。一洗芥蔕胸。在昔居冬序。恆苦疾病攻。貌癯髮鬅鬙。顧影似老松。今來病尋瘥。知非藥石功。人與地適宜。且住忘春冬。健爽動游興。躡屐東墩東。登臨騁遠矚。天末數歸鴻。荊公愛桐鄉。有詩抒其衷。臺中我所愛。情可媲荊公。渺渺分海色。蒼蒼者天容。執謂今古殊。異代希遐蹤。

劉同學發清執行律師事務

丰度翩翩迴出塵。新居俯瞰柳川濱。長留直道公兼惠。獨闢詖辭僞亂眞。晨起披文心似鏡。晚閒讀律月如輪。人權保障同襟抱。德尙未孤喜有鄰。

鹿港觀潮

是潮皆有信。去來有化工。入眼多文釆。鬨聲似戰攻。蒲帆齊出港。鷺影欲淩空。緩步看霞舉。相將入畫中。

李次貢先生以愉園詩集見贈賦詩以答

誦君詩卷意纏綿。彈指識荆卅載前。鯤島豈期今邂逅。鴛班猶憶舊因緣。推排不覺衣冠古。淹滯俄驚歲月遷。西望神州心似擣。夢和征雁過幽燕。

壽彭委員醇士六十

京渝妥游轍。海嶠浩蕩春。彭子我所敬。交久意更親。初逢猶拘拘。晚乃見天真。共耽林泉趣。結鄰柳川濱。爲民作喉舌。爲國拯沉淪。念茲艱虞會。相期在輔仁。哦詩鏗金石。養性忘怨瞋。幽居興不淺。落筆妙入神。舉世文苑裏。如子有幾人。多才能壽世。佇看展經綸。

奉懷沁水煜如先生

吾宗肇長沙。夙敦古風誼。形跡雖疏隔。情意實肫至。緊惟沁水老。信是人之瑞。插架富牙籤。昕夕聖賢對。棘闈領羣英。桃李盈新闓。詩筆追李杜。音節破埃壒。箴時不避艱。轂世謀共濟。心虛一鏡明。道高六德備。下走滯東墩。舊恙幸小瘥。郊居何所有。松聲雜溪瀨。志業慚蹉跎。世事感緯繣。所更詎一端。每覺宇宙隘。子方備諮諏。智略洞中外。防虞要徙薪。立國從久計。取義淵以微。持論平且易。憂勤翊中興。貞固重當代。灑灑野鶴姿。雝雝朝鳳噦。世疑是白傅。人尊耆英輩。

袁試武先生夙負詩名次貢譽爲諍友余以拙集托其刪定賦詩誌感

著句但自娛。重意不重辭。江山行經處。觸目便成詩。寫景不涉妄。詠物聊解頤。初非爲養生。簡易心所期。袁子廬州秀。寸楮摛傑詞。含意追風雅。畬音配塤篪。虛心而自負。次貢原句直言復無遺。被譽爲諍友。月旦信不欺。袖詩造臥廬。把晤一展眉。多子眼似炬。所向在探驪。子所首肯處。果我曾苦思。銅山氣已感。洛鐘應未遲。老我唯吟哦。秋風滿鬢絲。修辭病淺懦。望古空嗟咨。常嫌退之駡。却驚太白奇。顧子時相過。有作爲析疑。

劉逸南先生以歷代詞選註見示因寫所懷

詞家格調衍蘇辛。快讀鴻篇細引伸。一硯摩挲覘世變。半齋揚扢樂天眞。綠圍柳岸淸陰碎。靑護秧塍翠影勻。風物何曾殊故土。東墩交盞逕詩人。

瑪麗孫女近舉一女喜賦

醽醁浥酒罇。喜毓外曾孫。永念源流遠。方知天地恩。兩家欣有慶。四代與同論。娛老期教汝。一經篋內存。

寄懷宣之宗兄入闈典試

臺陽秋作曲江春。鎖院衡文又幾旬。玉尺量才收俊乂。藥籠蓄物具經綸。壎篪合奏德門盛。棫樸興歌昭代珍。彈指重陽佳節近。望君來賞菊花新。

寄懷呂著靑兄並謝繪贈梅花

羨君才思擅風流。舊雨新知共唱酬。痛飮幾囘當朗月。好詩多半在淸秋。森森老幹幅中見。脈脈餘香筆底收。贈我梅花索我句。淡然相對興悠悠。

周逸雲以柬邀雅集詩見示賦此以答

好句勞持贈。過譽媿未遑。行雲驚斷夢。旅雁集他鄉。自笑杯盤簡。翻誇糲食香。相期矜晚節。籬菊傲霜黃。

答矍翁

不見陳矍叟。於今四十秋。皓首驚相對。憮然話山陬。憶昔過從數。寰宇尚咸休。襟抱皆少壯。歌詠及田疇。滄海橫流急。中原暮雨愁。羣芳倏枯萎。衆竅益飀飂。世途感梗澀。吾生終萍浮。保此狷介質。避地聊悠悠。幸復共杯酒。詎能解積憂。向若興嗟嘆。欲濟苦無舟。

有感

人生如舟航。境遇有窮通。波濤正澎湃。安危瞬息中。水順易爲力。行遲怨柁工。世情襲故常。每喜一帆風。

恃才易招忌。多欲貽後悔。退固爲進階。進亦應思退。哲人愼行藏。世事遞興替。不嫌其退速。但恐其進銳。
偶逢得意事。還觀歸宿處。及遇失意時。愼勿懷惶遽。接物貴謙退。韜晦忘毀譽。所以古君子。兢兢常遠慮。
齊民智識淺。法令未盡諳。有司或苛取。呼籲淚暗含。政本在養民。此語豈迂談。惟當法龔黃。拊循惠廣覃。
臨財毋苟得。禮經垂明訓。舉世競攘利。舊德漸弛紊。貪墨時有聞。纏糾眞僅僅。孰能挽頹風。取與各守分。
黃鸝罵世情。睍睆在高枝。入耳暫無慮。祭物獨縈思。功業蓋天下。成壞總有時。福兮禍所伏。細味心自知。

德兒赴美考察航業詩以勖之

我老汝遠行。知汝膺新命。因病未視汝。繫念曷有竟。汝行歷重瀛。相隔誠遼夐。有時浮巨舸。心與澄波印。有時御飛車。身與天風倂。北美舊游地。德兒早歲在密歇根大學讀書。朋儕多英雋。顧使望尤隆。襟抱若晶瑩。事倘涉疑難。應請長者訓。余與顧大使係三十年前同寅。盟邦擅航業。舉世推先進。務在細探討。資以爲寶鏡。遠洋闢新綫。宜益擴航運。國際航權。向操外人之手。勝利後。復興公司始闢遠洋航線。近因輪隻過少。有添置新輪之議。擘畫貴周詳。釐革要敏迅。事業靡有常。積絫乃精進。他日蕆事歸。還望乘時奮。

題北崙告墓圖

展圖丘墓何彪炳。大宇三光此照臨。廿載堅貞留故實。告墓文。有廿載堅貞茹苦自持之語。至今爭說歲寒心。

澎湖紀游

河山還我人天喜。知告先靈樂有餘。無奈神州囘首望。陸沉朝野盡丘墟。

媽宮秋興

一羽高飛破曙暉。海天島嶼認依稀。媽宮風味先嘗試。酒綠菘青紫蟹肥。

文石書院

湖濱石室鎖朝煙。門聯有石室蘊光輝句。一瓣心香祀宋賢。院內祀宋代周程朱張諸賢。道是昔年絃誦地。古碑捫讀感桑田。

白沙觀榕

曲曲沙灣汨汨流。大千世界一漚浮。榕陰如蓋風吹座。恍似南臺作夢游。

放翁南臺詩。有醉吹橫笛坐榕陰句。

西嶼落霞

水映行雲熳似烘。遙天一抹晚霞紅。登臨欲盡無窮目。野鶩凌煙鶴唳空。

案山漁火

錯落案山翠黛低。水鄉星火醉眸迷。漁舟月下乘波遠。喜得蠙珠勝象犀。

測天軍港

海上遙傳金鼓聲。艨艟破浪靖長鯨。西征信有雄風在。敵愾都從衆志成。

壽秦景陽先生七十

與我年相若。輸君長一齡。京渝常話雨。談笑欵生春。經世紓長策。移家近碧筠。萊衣環起舞。端爲慰雙親。

嶺上蒼松茂。經冬獨耐寒。育材歌棫樸。入室對芝蘭。嗜弈成同調。吟游結古歡。相看雙鬢雪。共覺海天寬。

寄懷張震西丈樓企任兄

等是羈棲六載強。企任詩。有六見壹貞斗轉東句。每逢邃密便相商。常推老手先心折。讀罷新詩沁齒香。離合風雲勞悵望。艱難家國費平章。揚風扢雅吾曹事。惜往睎來感慨長。

七十詠懷　丙申

花甲抒懷迹已陳。今朝又報古稀辰。如流春夢添霜鬢。相對冬心伴野錡。話舊疑同遼海鶴。征塵久負故山蒓。臺陽獻歲喧簫鼓。漫引孫曾鬧比鄰。

懸車致仕昔賢箴。我愛禽言戀故林。夏日歸帆風力健。吳門鑿纜柳陰深。歸田已分耕兼讀。習靜難求物外心。却喜靈巖供遠眺。百年雲屐幾登臨。吳門退隱

吳山烽燧不勝愁。又作香江汗漫游。寒夜不須爐火助。旅情常共酒杯浮。萱堂遺蹟今仍在。九龍志蓮淨苑。供奉先慈蓮位。子祿分甘更小留。二兒德懷就事香港復興航業公司。回首中原罹浩劫。避秦準擬賦同仇。香江小住

大墩風物似江南。郊外茅廬淑氣涵。舊恙漸平游屐健。新茶初試潤泉甘。秧針簇簇盈中野。水道溶溶接遠潭。閒讀飲冰城郭句。梁任公游臺中詩有城郭入天浮句。如登天上擁晴嵐。臺中郊居

往事追懷劇可驚。一編要以概平生。興餘偶領楸枰趣。客裏難傳鴻雁聲。

應鑒覆車來軫戒。儘容援古證今評。白頭未覺精神憊。箋註寒窗倚短檠。

西窗記事

垂老敢忘踰矩危。從心百世仰宣尼。寬能容物爲諧俗。澹以養生輒展眉。但使人情崇道義。何難海宇見平治。春回大陸沈霾盡。佇看中興合有詩。

東山多竹以筠名園述懷

引風鳳尾自蕭騷。似玉翠筠勁節高。漸覺婆娑娛我老。也知期許等兒曹。庭前鳥語呼延客。戶外溪流漲半篙。更喜山妻勤學圃。壅泥襯石不辭勞。

寄懷錢中將企裴

故人心寄雲霄外。能忘當年帷幄功。千里兵車隨大纛。六韜瑋略贊元戎。乾坤震盪成今日。霜雪侵尋俱老翁。我及稀齡君六六。披襟話舊興無窮。

東臺游詠

過潮州

瓜果駢闐擅化工。周原膴膴氣葱葱。潮州一瞥飛車過。更欲遠游訪海東。

鵝鑾鼻

長隄逶迤突山隈。觀海觀瀾眼界開。燈塔淩空光四射。銀濤砰磕似驚雷。

四重溪

纔過恆春柳外隄。層巒深處四重溪。泉噓溫氣飛聲出。試袚塵襟步石梯。

大武山

峭崖深谷過車危。大武崚嶒險更奇。番社男兒時出沒。腰懸刀鞘露雄姿。

臺東

卑南峯影欲浮天。島綠嶼紅競逞妍。不用居夷愁僻陋。臺東十里盡歌絃。

新港

魚港新成景色幽。海山隱約入雙眸。地形好似南方澳。多少漁民弄網舟。

宿獅頭山

徐行直上翠微巔。逐處逢庵便息肩。願向亭頭望澹月。望月亭還思洞口吸飛泉。水簾洞鐘聲動處空諸相。幢影招來結淨緣。忽憶霸圖餘御榻。昭和爲太子時。曾游獅頭山。就善化寺旁篳室。爲休憩之所。徒供游客伴雲眠。

游癖

好游如好弈。浸淫忘寢食。宛若嗜昌歜。慣習乃成癖。欲尋處士屐。攬勝印兩屐。欲試飛仙術。御氣奮六翮。山程駕輕車。水泛附市舶。嵒阿與海澨。徘徊頗自適。今世多達人。雅志游巖澤。顧爲外物牽。塵慮無稍息。或泥于天時。或囿乎地域。搔首久踟躕。歲月坐變易。我却老益狂。猶喜恣登涉。豪氣鬱未伸。逸情遏逾激。征途有定期。寧辭辛苦歷。萬嶂爲我青。重瀛爲我碧。蜃樓倏隱現。貝闕時翕闢。邂逅獲奇觀。造物豈吝惜。神工呈技巧。炫目驚怪特。淮南餧雞犬。仙境可望卽。紛紜毋遺忘。追記僅鴻迹。聊以適我意。餘事何足嗟。

養德

踏雪耐危崖。馳馬耐危驛。我生會艱虞。耐性以養德。律己德之體。舉止守常式。勤不自言勞。儉不自求積。沉默口似瓶。貞介身如璧。謹嚴與中和。立志無眩惑。待人德之用。應因有定則。接物惟推誠。處事期盡職。施惠勿求報。受恩常相憶。渾厚與包涵。和顏無愠色。種德培以心。種禾培以力。靜念彼與茲。其理罔差忒。

養生

養心貴寡欲。斯語意最精。餘齡幸早悟。貪瞋未許萌。忿爲喪氣物。積之啓紛爭。如何除此病。懲則心自平。慾乃亂性具。貪之易纏縈。如何袪其根。窒則心自淸。心是身之主。身迺心之城。名義雖各異。休戚實相併。人情苦拘執。隨處遇榛荆。所以見道人。淸心以養生。

種樹

我欲就東山。東山在臺中大坑路逢甲橋之東。小試稼圃計。圃逸而稼勞。於焉擇其易。旣師種樹書。復採園丁意。擬栽竹與椰。相間成新翠。暄之通日光。溉之滋地氣。荷鉏始自今。永以勤樹藝。嘉木日蕃殖。撫之有餘懽。禽可選枝宿。蟬亦抱葉安。疏渠通曲徑。分區隔疏欄。桃李與柑橘。一日幾回看。吐火榴花豔。抹赭荔子丹。藝園饒深趣。莫嫌腰脚酸。

在昔郭橐駝。種樹曾有述。曰順木之性。斯語最簡質。甫聽似易爲。迨行則多失。黽勉以求之。十庶得六七。吾思郭之說。頗通養人術。養樹貴暢遂。養人重蘇息。所養雖稍異。理實二而一。

自吟荆齋詩鈔舊稿因有所懷

憶昔荆齋額。南通張季直先生爲題辭。築室荆溪畔。名荆誠相宜。東坡舊游地。蜀山跡猶遺。東坡守常州時。屢作荊溪之游。並以山勢類似蜀岫。遙指一山。名爲蜀山。今相傳如舊。當窗荊樹茂。名荊有所期。田眞感同氣。萼頳忽敷蕤。釋義尙未忘。恍似故鄉時。詎意世變亟。中原遍瘡痍。廬舍化荊棘。聞之不勝悲。東軒好風日。朗哦疇昔詩。詩能慰客夢。詩亦寄客思。工部傷離亂。放翁斥胡兒。豈徒翫景物。亦欲披心脾。齋名顏詩卷。回溯情難持。漫漫度長夜。杲杲延朝曦。復國資羣力。彌天企民治。海宴期不遠。鐃吹補新詞。

荊齋詩鈔跋

陽羨賈子果伯余訂交四十餘年矣。才識穩練。和平敦厚。早歲負笈東游。治財政經濟學。博聞彊識。深造自得。民初供職財部。因應咸宜。洞中肯綮。歷爲上游器重。旋簡任鎭江關監督。裕課恤商，羣情翕服。嗣國府奠都南京。重入財部。長賦稅司。擢升財次。後長鄂蘇財政。綜核名實。爲時論所稱揚。比歲息影窮居。翛然物外。以吟詠自娛。余誦其詩。秉性恬淡。自視欿然。其閑適及行役諸作。知足常樂。雅近香山。時代潮流。近益俶擾。民生凋敝。井邑爲墟。其感懷及傷時諸作。神似放翁。力持正義。多悲天憫人之語。古云，詩者持也。詩人之爲言志也。持人情性意志以播於外也。果伯情性眞摯。意志堅定。迥越時流。吟詠所寄。直抒胸臆。不落恆蹊。有彬彬爾雅者已。果伯平素以著述餉社會爲志趣。固未嘗以詩鳴于世。先後著有民國財政史華會見聞錄關稅與國權國債與金融民國財政經濟問題今昔觀等書。世人咸以財政家史學家相稱。偶寄吟詠。特餘事耳。果伯德劭年高。手不釋卷。所經之地。常有吟詠。哲嗣德懷夙承庭訓。爲之編錄。緝成荊齋詩鈔。將付印行。以娛親志。屬爲題跋。余與果伯締交有年。氣誼相投。雖不文。奚可辭。爰述梗概以應之。吳縣單鎭東筆跋。

血歷史178　PC0868

新銳文創
INDEPENDENT & UNIQUE

民初財政總長更迭錄（1912－1926）

原　著	賈士毅
主　編	蔡登山
責任編輯	石書豪
圖文排版	詹羽彤
封面設計	王嵩賀

出版策劃	新銳文創
發 行 人	宋政坤
法律顧問	毛國樑　律師
製作發行	秀威資訊科技股份有限公司
	114 台北市內湖區瑞光路76巷65號1樓
	電話：+886-2-2796-3638　傳真：+886-2-2796-1377
	服務信箱：service@showwe.com.tw
	http://www.showwe.com.tw
郵政劃撥	19563868　戶名：秀威資訊科技股份有限公司
展售門市	國家書店【松江門市】
	104 台北市中山區松江路209號1樓
	電話：+886-2-2518-0207　傳真：+886-2-2518-0778
網路訂購	秀威網路書店：https://store.showwe.tw
	國家網路書店：https://www.govbooks.com.tw

出版日期	2020年3月　BOD一版
定　價	350元

Printed in Taiwan

國家圖書館出版品預行編目

民初財政總長更迭錄(1912-1926) / 賈士毅
原著；蔡登山主編. -- 一版. -- 臺北市：新
銳文創出版：秀威資訊科技發行, 2020.03
面；　公分. -- (血歷史；178)
BOD版
ISBN 978-957-8924-87-1(平裝)

1.傳記 2.民國史

782.18　　109001611

讀者回函卡

感謝您購買本書，為提升服務品質，請填妥以下資料，將讀者回函卡直接寄回或傳真本公司，收到您的寶貴意見後，我們會收藏記錄及檢討，謝謝！如您需要了解本公司最新出版書目、購書優惠或企劃活動，歡迎您上網查詢或下載相關資料：http:// www.showwe.com.tw

您購買的書名：________________________________

出生日期：________年________月________日

學歷：□高中（含）以下　□大專　□研究所（含）以上

職業：□製造業　□金融業　□資訊業　□軍警　□傳播業　□自由業
□服務業　□公務員　□教職　□學生　□家管　□其它_____

購書地點：□網路書店　□實體書店　□書展　□郵購　□贈閱　□其他

您從何得知本書的消息？

□網路書店　□實體書店　□網路搜尋　□電子報　□書訊　□雜誌
□傳播媒體　□親友推薦　□網站推薦　□部落格　□其他__________

您對本書的評價：（請填代號　1.非常滿意　2.滿意　3.尚可　4.再改進）

封面設計____　版面編排____　內容____　文／譯筆____　價格____

讀完書後您覺得：

□很有收穫　□有收穫　□收穫不多　□沒收穫

對我們的建議：________________________________

____

____

____

請貼
郵票

11466
台北市內湖區瑞光路 76 巷 65 號 1 樓

秀威資訊科技股份有限公司　　收

BOD 數位出版事業部

....

（請沿線對折寄回，謝謝！）

姓　　名：＿＿＿＿＿＿＿＿　年齡：＿＿＿＿　性別：□女　□男

郵遞區號：□□□□□

地　　址：＿＿＿＿＿＿＿＿＿＿＿＿＿＿＿＿＿＿＿＿

聯絡電話：(日)＿＿＿＿＿＿＿＿＿　(夜)＿＿＿＿＿＿＿＿＿

E-mail：＿＿＿＿＿＿＿＿＿＿＿＿＿＿＿＿＿＿＿＿